EL ZOMBI
QUE SE PUSO
A VIVIR

"Un llamado a despertar y
movernos hacia nuestra misión de vida"

Jesús Franco de Keratry

Número de Control de la Biblioteca del Congreso de EE. UU.:   2019914293
ISBN: Tapa Blanda   978-1-5065-3010-9
               Libro Electrónico   978-1-5065-3009-3

El Zombi Que se Puso a Vivir

Primera edición: 2019

D.R. © Jesús Franco de Keratry
Monterrey, N.L., México

Portada: El Zombi
Autor: Job Negrete

Fotografía de Portada: Carlos Rodríguez · CAROGA FOTO
Fotografía de Autor: Axel Canales

Información de la imprenta disponible en la última página.

Fecha de revisión: 16/09/2019

Para realizar pedidos de este libro, contacte con:
Palibrio
1663 Liberty Drive
Suite 200
Bloomington, IN 47403
Gratis desde EE. UU. al 877.407.5847
Gratis desde México al 01.800.288.2243
Gratis desde España al 900.866.949
Desde otro país al +1.812.671.9757
Fax: 01.812.355.1576
ventas@palibrio.com
802841

In Memoriam

Ing. Jesús Franco Abascal
1945-2018
Porque recuerdo las interminables historias de los libros que leías
y cómo nos enseñaste que las palabras pueden crear
las más increíbles realidades.

GRACIAS, Papá

——— **Y** ———

GRACIAS, Mamá

Por seguir aquí y mostrarnos fortaleza, actitud y amor, en momentos
en los que más los hemos necesitado.

A Tere

Por entender, por apoyar, por amar, por siempre estar.

Gracias por ser una luz en el camino del despertar.

A Chuy

Por enseñarme que la música se lleva por dentro y el valor
de ser auténtico es lo que te mueve en la dirección correcta.

A los maestros, guías, terapeutas, amigos y extraños.
A todos los que han dejado huella en mi y que me han hecho ver
lo maravillosa que es la vida cuando el Zombi se pone a Vivir.

índice

Acerca del Libro

El Zombi Que Se Puso a Vivir es una recopilación de anécdotas, aprendizajes y recomendaciones para aprovechar tus propios recursos, esos que están contigo y se te han olvidado, y que los puedes usar para encontrar y mantener un estado de felicidad permanente, independientemente de las circunstancias.

Es un llamado a despertar y movernos hacia nuestra misión de vida. Cualquiera que esta sea. A partir de hoy y no mañana. Cada paso te dará sugerencias para que puedas concretar tus ideas en acciones.

Como seres humanos, nos hemos visto inmersos en rutinas absurdas, emulando Zombis de película de miedo, caminando sin rumbo de una comida a otra.

Actuamos sólo con base a lo que nuestro cuerpo necesita de manera muy básica y desconectados completamente de nuestra fuerza interior. Vamos de una comida a otra, pero no creamos nada.

¿Cuántas veces has sentido cansancio? ¿Distracción? ¿Falta de ganas de ir a trabajar? ¿Sueñas con las vacaciones? ¿Quisieras tener dinero para no hacer lo que haces ahora?

Te doy la bienvenida. Probablemente eres un Zombi igual que lo era yo, o al menos te has acostumbrado a caminar en el mundo con desinterés y rutina. Igual que cientos de personas en tu ciudad y cientos de miles alrededor del mundo.

Este es el reflejo de nuestra sociedad moderna. Acelerada y dinámica, distraída y llena de estrés, que termina por crear un estado hipnótico en mi mente y solo me permite ver un poco de lo mucho que hay. Llevamos una venda translúcida en los ojos, la cuál solo nos permite ver parcialmente lo mucho que hay disponible para nosotros.

Hemos perdido la conexión con nuestra fuerza interior. El alma, la energía, la luz o como queramos llamarle. Esta fuerza interior nos lleva a crear, a transformar, a creer, a vivir, a ser felices. La tenemos todos sin excepción. Se nos regaló al llegar al mundo y hemos escogido de manera inconsciente olvidar.

Es tiempo de recuperar nuestra fuerza. No es difícil, pero requiere tiempo y trabajo personal. Sin embargo, una vez que te conectas con esta gran energía, la vida fluye de una manera más simple. Es solo cuestión de atreverse.

"Vive como si fueras a morir mañana.
Aprende como si fueras a vivir siempre."

Mahatma Gandhi

Abogado, Pacifista y Pensador que guió la revolución pacífica
de la India sobre el Imperio Británico

El Libro es un Curso para Conectar con tu Fuerza Interior

Toda la vida nos han dicho que hay que trabajar muy duro para cumplir nuestras metas. Que las cosas requieren tiempo, paciencia y mucha dedicación. Que hay que sacrificarnos para tener recompensas.

"El mundo es un lugar terrible y hay que luchar todos los días contra las adversidades que se presentan", dicen las voces de la "experiencia" en la sociedad.

Si bien es cierto que el logro de resultados se da cuando se tienen metas claras y se trabaja por ellas, también es cierto que este pensamiento hace infeliz a mucha gente, incluyéndome a mí en algún tiempo. El punto medular del asunto es que no hemos entendido que tenemos una fuerza interior poderosa más allá de lo que puedes imaginar.

En esa fuerza radica una enorme capacidad de logro, de éxito, pero también de felicidad y paz. Despertar esta energía es como encender nuestros mejores momentos, los más felices, los mejores recuerdos, todo lo increíble de nuestras vidas y nuestros sueños, todo junto y al mismo tiempo. Es así de fuerte.

Como muchas cosas, es realmente fácil iniciar nuestra re-conexión, pero un poco más complicado mantenerla. ¿Por qué? Porque nuestro cerebro está programado con un sistema operativo anticuado y completamente desalineado al nuevo YO que quiero ser. Como tu teléfono inteligente cuando no lo actualizas.

Frases como "Hay que soportar la lluvia para ver el arcoíris", son afirmaciones que hacen a nuestro cerebro programarse a ver el final: la meta. Que el camino es difícil y que no puedo ser feliz hasta que llegue a mis objetivos.

¿Y el resto del tiempo qué pasa? En lo que llego al final, ¿no tengo esperanza de ser feliz y vivir una vida plena? ¿Y si el final cambia? ¿Si nunca llega?

Lo que no hemos podido aprender es que la verdadera felicidad está en recorrer el camino, porque allí es donde pasaremos mucho más tiempo y la meta no es un día o un momento, sino cada paso que damos. No te preocupes por lo que estás sintiendo. La felicidad es el camino. Es un proceso maravilloso y, casi siempre, difícil de entender para nuestro software mental des-actualizado.

Les pongo un ejemplo. Si mi objetivo es llegar a la meta de un maratón (42.2 kms. corriendo), ¿acaso seré miserable kilómetro tras kilómetro del recorrido? ¿Seré infeliz día tras día cuando entreno? ¿Cada vez que suene el despertador a las 6:00am, con lluvia y frío, seré una persona triste porque no he llegado a la meta?

Otro ejemplo. Cuando una mujer espera la llegada de su hijo, ¿acaso los meses de embarazo son de penuria? No digo que sean fáciles. Hay horas de no dormir bien, de ir constantemente al baño y de sentir mareos y asco. Pero el proceso es de alegría, y al nacer, inicia otro camino.

También podemos pensar en un emprendedor que pasa toda una vida construyendo una empresa, ¿quiere decir que sus días laborales durante muchos años serán de infelicidad? "No descansaré hasta lograrlo", ¿quiere decir que estará cansado todo el camino?

Cada vez que pienso y digo esto, me lo creo, y me alejo de mi centro de energía perdiendo la capacidad de creer en mí. El tiempo avanza, la meta no se cumple y la distancia es mayor. Si dejo de creer en mí, no puedo estar conectado con la infinita fuerza que llevo dentro, llena de poder, que nace del amor propio y del amor que está en todo lo que me rodea.

Dejo de creer, dejo de crear, dejo de lograr. ¿Suena complicado? Ten un poco de paciencia y sigue conmigo. Verás que funciona.

Lo interesante de esto, como les decía, es que es muy sencillo recuperar mi equilibrio y re-descubrir que creer en mí, genera una enorme fortaleza que me lleva a cumplir cualquier meta de manera sencilla y exitosa. La fuerza que está en mi es fácil de recuperar. Tan sencillo como volver a creer que puedo. Es como encender una luz que está apagada. El secreto es encontrar el interruptor en la obscuridad.

Las personas exitosas en el mundo aman lo que hacen y ellas han entendido de alguna u otra manera, que la felicidad diaria en todo lo que hacemos, nos hace disfrutar el camino. Aman la esencia de lo que hacen más allá del reconocimiento o el dinero, los cuales son consecuencia de lo bien que hacemos las cosas.

Uno de los grandes cambios que debemos empezar a hacer en nosotros mismos, sin importar tu profesión o personalidad, es recuperar la capacidad de amar. De amarme a mí, a mi familia, amigos, a las personas cercanas, a los de mi trabajo. Pero también al prójimo en general, a la ciudad donde vivo, al medio ambiente, a los animales y a todo lo grande de esta bella creación que se llama Tierra y que compartimos por un tiempo finito con otros seres vivos.

El amor trae felicidad y la consistencia de felicidad sobre tristeza en mi vida atrae cosas buenas a nosotros, nos hace ser mejores en todo lo que emprendemos y provoca inevitablemente que lleguemos mucho más rápido a nuestra meta.

Aquí va el primer gran secreto de este libro. Es fundamental encontrar la forma de mantenernos en el presente y aprender a cambiar la óptica de cómo vemos las cosas y cómo nuestra conducta, con pequeños cambios, puede lograr grandes resultados. Hay que estar aquí y ahora. Sin culpa del pasado ni estrés del futuro. Hoy, sólo hoy, sólo aquí. De lo demás se encarga una fuerza superior llena de amor incondicional y que trabaja para nosotros, incluso cuando nosotros descansamos.

Este libro es una guía de apoyo a las personas que desean cambiar los pensamientos que se han grabado en nuestro subconsciente y que dictan que "sólo seré feliz cuando llegue a mi meta" y que "la meta es difícil de alcanzar porqué soy débil", o "soy mujer", "porque no soy rico", "porque no creo en lo mismo que tu o incluso porque no tuve oportunidades que otros sí".

Creencias falsas, limitantes y que no son tuyas. Es real, no naciste con ellas. Son parte de ti ahora, pero no tiene que ser así.

Repite estas frases en voz alta:

"¡Hoy doy Gracias a mis creencias limitantes por haberme enseñado mucho!", "Hoy, con gran Amor, Gratitud y Respeto, las dejo ir e invito a mi vida el Éxito, la Abundancia, la Salud Plena y la Felicidad"

Si tú decides volver a creer en ti, descubrirás una enorme e inagotable fuente de energía interna. Revitalizaras tu vida y tu entorno para enfrentar hasta los retos más grandes con una óptica renovada.

Esta es una invitación abierta a iniciar un nuevo discurso que ayude a nuestro cuerpo, nuestra mente y nuestro espíritu a iniciar un nuevo camino donde la felicidad es posible en todas las situaciones de la vida, incluso en los momentos más difíciles. Es solo cuestión de creer.

Quiero pedirte que veas estas páginas como algo más que un libro. Por favor encuentra tiempo para verlo como un pequeño y poderoso curso, donde cada capítulo dejará aprendizajes específicos y caminos de acción para que los puedas aplicar en tu vida diaria y empieces a ver resultados inmediatos.

Es como una clase, pero en la que todos pasan el examen final con 100, porque todos ya tenemos el 100 dentro de nosotros. Solo hay que encontrarlo.

Mucho de lo que van a leer está basado en mis propias experiencias de vida y en las que otros me han compartido. Mi vida es lejos de perfecta y ha tenido momentos muy obscuros. Pero también ha tenido crecimiento invaluable. La suma de estas dos cosas ha creado aprendizajes que les comparto y que les permitirán aprovechar recursos y acelerar el camino. El camino de la felicidad.

"El éxito no trae felicidad, la felicidad atrae al éxito"

Bienvenidos. Gracias por estar aquí y ahora.

¡Que disfruten mucho su viaje!

"Hay magia en el entusiasmo.
Explica la diferencia entre la mediocridad
y los grandes logros."

Norman Vincent Peale

Creador de la teoría de pensamiento positivo

Capítulo 1

De Niño Quería ser Bombero, pero me volví Zombi

De niños, cuando estamos creciendo, una de las preguntas más comunes que nos hacen las personas es ¿qué quieres ser cuando seas grande? ¿Recuerdas esta pregunta?

Vamos a recordar a esa niña o ese niño de 5 años de edad. La chica de trenzas o cola de caballo. El chico de rodillas raspadas. La mirada inocente llena de sueños. Todo está por delante. El mundo nos espera y aún no lo sabemos, pero lo intuimos.

¿Tú qué respondías a esta pregunta? Hay muchas respuestas. Bombero, bailarina, domador de circo, princesa, astronauta, profesional de algún deporte, veterinaria, maestra de escuela. Piensa a lo que jugabas y qué roles pretendías seguir. Recuerda lo que sentías cuando lo hacías.

Existen un número ilimitado de respuestas basadas en el ambiente donde creces, las personas que influyen en tu vida, tus héroes, los medios y la escuela. Es interesante observar que al poner esta pregunta en pasado y hacerla a un adulto, las respuestas son esencialmente las mismas, y surge una justificación por no haber cumplido el sueño.

Nos convertimos en zombies. Caminando por la vida, buscando comida y siguiendo a otros zombies que están más perdidos que nosotros. Se activa un sistema que te hace andar en automático. Cuando hago esta pregunta en algún curso, todos recuerdan su pasado, invadidos por la nostalgia. Muy pocos están donde sus sueños quisieran que estuvieran. Avanzan por la vida como zombis.

¿Qué querías ser de grande? Resuena con una gran campana en nuestra cabeza. Es una pregunta retadora y casi siempre incómoda.

Les comparto algunas de las muchas respuestas que seguido escucho:

"Bueno, pues quería ser bombero, pero al final ganan muy poco, mejor estudié leyes y ahora soy abogado" ¿Y te gusta? "Bueeeeno, sí, o seeea, es decir, gano para mantener a la familia. Ahí van las cosas. Tú sabes, el país cómo está, la economía".

Otra respuesta, "Yo soñaba con ser bailarina, pero mi mamá me dijo que primero la escuela y luego un buen marido para casarme y formar una familia, así que estudié administración de empresas y conocí a mi marido en la facultad." ¿Y el baile? "No bailo desde mi boda hace 20 años, a mi marido no le gusta."

Una más, "A mí siempre me gustaron los animales y quería trabajar en el zoológico pero mi papá tiene una fábrica y estudié ingeniería para ayudarle con el negocio." ¿Y sigues en contacto con los animales? "No, vivo en un departamento chico y trabajo todo el día, no me da chance ni de tener un perro."

Este tipo de respuestas son reales y muy comunes. La nostalgia es ese anhelo combinado con dolor que nos lleva a un pasado que añoramos. Suspirando y volteando la mirada a su interior, como para volver a verse a los 5 años de edad, sin preocupaciones, sin límites y con toda la vida por delante.

¿Qué pensaría mi versión de 5 años edad si me ve ahora? ¿Me felicita? ¿Se ríe? O me mira fijamente a los ojos para preguntarme, ¿por qué me trajiste aquí? "Esto no me gusta. No es lo que íbamos a hacer. No nos gusta."

Las explicaciones de por qué no puedo cambiar lo que no me hace feliz son muchas y son muy obvias, "tengo 3 hijos y las colegiaturas me están matando", "¿cómo le hago con la méndiga hipoteca?, "¡nombre!, me divorcia mi marido si le salgo con eso, a él le gusta que lo atiendan y tengo que estar en la casa".

Las variables son siempre las mismas, compromisos previos, edad, dinero para gastos, falta de capital, condiciones desfavorables, problemas familiares. Los más optimistas dirán, "¡algún día!", sabiendo que es solo seguir soñando para no tener que ver la realidad.

Lo que nuestra sociedad, los medios, el gobierno y las instituciones financieras nos han enseñado es que debo de trabajar sólo viendo el futuro y no estando presentes aquí y ahora. Como si el que se muera con más dinero ganara un concurso. Como si cuando sea viejo, con mi vitalidad reducida y mi vida gastada, entonces sea el momento de vivir.

¿Entonces qué debo hacer? ¿Dejo la abogacía y me pongo un casco de bombero? Si realmente apagar incendios y salvar vidas es lo tuyo, pues sí.

Pero no siempre es un cambio tan drástico. Hay que irnos a la esencia misma de la pregunta. El sueño que se manifestó cuando éramos pequeños, tiene una esencia, una raíz, una clara razón de por qué lo debía hacer. Debemos regresar y retomar el sueño, pensando como adultos y viendo cuál es la verdadera naturaleza de lo que queremos.

Siguiendo con el ejemplo, ¿por qué querías ser bombero? ¿Porque te ves bien guapo con el casco? ¡Claro que no! Eso no lo piensa alguien de 5 años. Si es niña bombero tampoco estaría preocupada por estereotipos.

Tal vez la idea de ser bombero tiene en su esencia el ayudar a la gente. "Yo quería salir de un incendio habiendo rescatado un niño", respondió alguien un día. Entonces "bombero", en tu YO de HOY, ¿Cómo estás ayudando a la gente? ¿Qué estás haciendo por los demás? ¿Qué más cosas puedes hacer? ¿A quién has rescatado últimamente?

Si tu esencia es ayudar, hazlo. Serás un bombero en tu propio mundo. Hay mucho en donde se puede ayudar.

Les comparto un pequeño ejercicio que hago en algunos cursos y que les va ayudar a reflexionar esto más fácilmente.

Ejercicio de Introspección

Dile a tu Zombi que se siente y se tranquilice un poco. Nunca falta comida, no te preocupes. Apaga el celular. Primero lee el ejercicio y entiéndelo para que lo puedas hacer con los ojos cerrados. Las respuestas anótalas al final en las líneas.

Busca un espacio donde puedas tener un poco de tiempo en tranquilad. Sin cosas que te distraigan. Siéntate cómodamente y cierra los ojos. Empieza a respirar, inhalando y exhalando. Centra tu atención en la respiración. Inhala y exhala por la nariz. Despacio, sintiendo en cada inhalación cómo llega energía a tu cuerpo y en cada exhalación cómo liberas tensión.

Sigue inhalando y exhalando, hasta que hayas logrado tener un ritmo igual entre el aire que entra y que sale.

Recuerda a tu niño o niña de 5 años. Visualiza una imagen, un recuerdo de ese periodo. ¿Qué quería ser de grande? ¿Qué cosas le gustaba hacer? ¿Qué cosas le disgustaban? A esa edad somos muy sinceros. Deja que las respuestas lleguen a tu mente. Nadie te va a juzgar.

Sigue respirando y recordando…. Cuando estés listo abre tus ojos lentamente y anota tus respuestas.

Anota tus respuestas, por más extrañas que te parezcan

¿Qué te gustaba hacer? ¿Que querías hacer de grande?

_____

_____

_____

_____

_____

_____

_____

Sigue respirando y encuentra el porqué de las cosas. ¿Por qué querías hacer eso? ¿Cómo te veías? ¿Qué sientes en este momento? Encuentra la esencia de tu porqué.

_____

_____

_____

_____

_____

_____

_____

Esto que anotaste es en gran parte lo que empieza a definir tu misión de vida. Lo que te hará feliz. Escucha con atención y de ser necesario vuelve a sentarte y repite el ejercicio. A veces las preocupaciones diarias no permiten que esto salga a la primera, pero créeme, las respuestas siempre llegan, solo que a veces hay cosas que nos impiden verlas.

Deja unos días a que asienten las respuestas en tu mente y luego vuelve a leerlas. Te pido que estas respuestas sean algo que constantemente visites y vuelvas a leer. De hecho las puedes pegar en una tarjeta para que siempre las puedas ver.

Te recomiendo, que tu Zombi no se arranque caminando por la vida sin haber revisado bien este ejercicio y que, al menos, si no tienes la respuesta clara, tengas una idea del tipo de situaciones que te hacen feliz.

Nota: Muchos de estos ejercicios de introspección son de tipo "meditación" y no podemos leer con los ojos cerrados. Te sugiero grabar las preguntas con tu propia voz para escucharlas mientras reflexionas. Otra opción es que busques al final del libro, las ligas a los medios electrónicos donde ya están grabadas y las reproduzcas mientras reflexionas.

"Hay dos formas de vivir la vida.
Una es pensando que nada es milagro. La
otra es pensando que todo es milagro."

Albert Einstein

Físico de origen alemán, considerado el científico

más conocido y popular del siglo XX

Capítulo 2

El Zombi que estaba colgado de un iceberg

Déjenme platicarles una historia. Al haber estudiado mi licenciatura en Ciencias de la Comunicación, un postgrado en marketing promocional y, tener otros estudios en publicidad con especialidad en comportamiento de consumidores, cuando te ofrecen un buen puesto en una importante empresa de comunicación, sientes que estas en camino a lograr tus sueños. En mi caso, sin saberlo, nada estaba más lejos de la realidad. Pero acepté. Al final, el Zombi vio comida.

La verdad es que fue una época increíble, de mucho crecimiento, grandes aprendizajes y obviamente, dinero. No me puedo quejar de eso y, quiero recalcar que todo en la vida es maravilloso, todo está sucediendo para nosotros y sucede cuando debe hacerlo. Debemos empezar a dejar de ser víctimas de las circunstancias y convertirnos en protagonistas de nuestro destino.

El trabajo era muy interesante y retador, pero había una incompatibilidad entre lo que hacía, lo que debía hacer y lo que realmente quería hacer. Quiero recalcar que no es culpa de la empresa. La empresa no es mala ni buena. Solamente es. Tiene sus metas, tiene sus políticas y procedimientos, y su forma de operar. Contrataron al Zombie, pero el Zombi estaba empezando a despertar.

A través de los años también había estudiado psicología, programación neuro-lingüística, inteligencia emocional, ley de la atracción, yoga y reiki. Incluso el curso más corto de cualquiera de estos temas me hacía cuestionar mucho lo que estaba haciendo. Cada vez hacían más sentido cosas diferentes a lo que estaba viviendo y menos sentido mi actual trabajo. La más pequeña reflexión hacía sentir un temblor dentro de mí que duraba días. Una clara sensación de estar perdido en el camino.

Pero no eres tú, soy yo. La trillada frase. Era yo quien sentía, conforme pasaron los años, que no pertenecía a ese lugar. Quiero agregar que durante mi último año en este trabajo tuve las mayores dificultades y los mejores aprendizajes. Estaba en un proceso de bajar de peso, cambiar mi alimentación y correr un medio maratón (21kms), después de no poder correr ni 5. Conforme fue avanzando el tiempo cada día chocaba más. Al acercarme a mi esencia, a mi verdadero ser, descubrí que estar allí no era para mí.

Y así como ese trabajo no era para mí, yo tampoco era para ese trabajo. Y un buen día, se acabó. De la noche a la mañana el camino llegó a su fin. Si a alguno de ustedes les ha pasado, recuerden los sentimientos. No importa si te corrieron, si te reajustaron, si negociaste una salida o si desaparecieron tu puesto. No importa lo que inventaste a tus amigos, familiares y a ti mismo. Son excusas para una clara realidad: ya no trabajas allí. Ya no está el puesto, el ingreso, los compañeros, el camino. Te quedaste sin esa "sensación" de seguridad.

Quedarte sin trabajo es un proceso de duelo. De esto me di cuenta y fue doloroso. Entre más edad, más difícil de manejar. Entre más deudas, más estrés. Al inicio estás completamente incrédulo y desorientado, tratando que la situación se asiente en tu cuerpo y en tu mente. Quieres negar en tu mente que esto pasó. Después entra una fase de enojo o indiferencia. En mi caso fue indiferencia. "Me vale", "Voy a estar mejor sin ellos", pero sin estar muy convencido.

Sin embargo sí importa y no sabes cómo vas a estar. Así que empiezas a negociar contigo mismo y a ver las cosas objetivas. ¿Qué ventajas tiene lo que pasó? ¿Qué desventajas tiene? Durante este proceso, llegan momentos de tristeza. Es real y es normal que pase. Poco a poco le vas diciendo a la gente y se va asentando la realidad. Estoy sin trabajo.

Al final asumes la pérdida. Aceptas lo que pasó y, que a pesar de todo el miedo que puedes sentir, tienes que enfrentar tu nueva realidad.

Todo esto puede pasar en semanas y hasta meses. Hay veces que tarda años. Yo les recomiendo que busquen terapia, coaching de vida o alguien que los pueda ayudar a manejar la situación de una mejor manera, porque es importante vivir el duelo, pero con ayuda es más fácil encontrar el camino.

Un gran aprendizaje es que después del dolor más profundo siempre viene una luz. Todo pasa, lo bueno y lo malo. Este tipo de situaciones llegan a nuestras vidas para enseñarnos que nuestra misión es por otro camino. Es como el despertador que suena después de que tengo un mal sueño.

Todo lo que llega, incluso lo malo, es un regalo. No es que nos haya pasado. De alguna manera está pasando para que aprendamos algo. El regalo es el aprendizaje. Nuestra fuerza interior empieza a funcionar y por lo tanto se conecta con la fuerza divina, con Dios, con el universo. Debe regresar al origen como las baterías del teléfono que cargamos cada que se acaban.

Después de la desorientación inicial y de varios tragos amargos, me di cuenta que acababa de recibir una enorme bendición. Yo lo veo de la siguiente manera:

Imagina un gran iceberg en medio del mar, helado, con vientos, neblina y metros y más metros de hielo. Ahora imagina que tu Zombi está colgado de este enorme trozo de hielo en un acantilado. Agarrado con manos y pies para no caerse. Abajo sólo se ve agua helada. Sabes que mientras no te sueltes no caerás, que puedes aguantar. Pero sientes frío, incomodidad, tu vista es hielo y más hielo. Después de un tiempo te sientes agotado, pero entre más cansado más te aferras a no soltarte porque tu mente te dice que si te sueltas, caerás al agua helada y puedes morir de frío. Así que te acostumbras para no morir.

Así nos sentimos muchos con lo que hacemos. Agotados, pero aferrados a no soltar. Ser Zombi cansa mucho pero creemos que trae grandes beneficios. Al menos así lo aparenta. Nada más lejos de la verdad.

Un buen día, sin aviso aparente, me quitaron el iceberg. De golpe. Y, como dicen los niños, ¡al agua patos! ¡Zombi al agua! Traducción: Me quedé sin empleo. Por la razón que sea, mi realidad cambió.

No les voy a mentir, el golpe inicial al caer al agua es "helado" y la sensación de desorientación tremenda. Falta aire. No puedes ver claro. Te hundes en el agua helada. Salpicas y te aferras a buscar ese u otro iceberg. Después de manotear un poco en el agua, sin el iceberg enfrente, pasó algo increíble.

El Zombie vio una hermosa playa tropical. Había que nadar, pero no estaba tan lejos y el mar no estaba tan frío. Las olas no eran tan fuertes. La distancia parecía larga pero el trayecto era soportable y hasta se podía disfrutar de nadar en esa dirección.

El nado inicial trae mucha incertidumbre, eso es un hecho. El Zombi no se acordaba siquiera si sabía nadar. Tanto caminar sin rumbo hace que se te olviden cosas. Tanto estar colgado sin ver nada, hace que no puedas ver un mar de oportunidades frente a ti.

Tus manos y pies se sienten entumidos y tu vista no se acostumbraba a ver tanto espacio. Pero el agua fría despierta a tu Zombi y decides nadar.

Así son los pasos iniciales cuando emprendes el camino a tu misión de vida. Lo maravilloso es que en medio de esa sensación de "no saber si puedo", hay una increíble fuerza dentro de ti. Como si despertara un dragón y quisiera extender sus alas para volar. Sientes el fuego que te quema porque estás haciendo lo que debes hacer. A la par, sientes una ligereza que no habías sentido antes. Te puedes mover. Tienes a donde moverte. Tienes cómo moverte. Te mueves y te mueves.

Se controla el miedo de querer avanzar y se usa la energía para enfocarse. Moverte es lo único que te queda y lo sabes. Pero empiezas a ver una dirección. Descubres que esta sensación es lo mejor que has sentido en tu vida. Empieza tu maratón. Tu gran carrera.

Antes que después, el Zombi llegó a la isla y todo se sintió mejor. El sol calentaba su rostro, la arena amortiguaba sus pisadas y el ruido del mar lo llenó de paz. Hay nuevas cosas qué ver, qué comer, nuevos aires qué respirar. Si bien seguimos enfrentándonos todos los días a cosas como "qué comer", en la isla es más fácil. ¿Por qué? Porqué estoy donde debo estar, haciendo lo que debo hacer y esto me hace feliz. Y cuando soy feliz, las cosas siempre salen mejor. Siempre. Todo llega mucho más fácil.

El Zombi no tuvo tiempo de lamentar que había estado colgado tanto tiempo, solo agradeció lo aprendido, lo enormemente bendecido que era de estar en la isla y empezó a ser verdaderamente feliz.

Lo importante de esta anécdota, es entender que debo de soltar el iceberg antes que me lo quiten. Porque el problema no es que te lo quiten, sino que tal vez nunca lo hagan, y eso es peor. La isla allí está, solo que no la puedes ver. Pero te garantizo que al momento que sueltes el hielo, ves la arena. Prepara tu caída, anticipa el agua fría y la falta de aire, y ponte a nadar. Todo llegará a ser más fácil.

Tal vez el soltar el iceberg es cambiar de trabajo. Buscar la independencia. Dejar alguna relación tóxica. Puede ser un cambio de hábitos alimenticios. Una búsqueda de crecimiento en mi trabajo. Un título de estudios. La que sea, es la tuya. El reto es dejar lo que hay y crear algo nuevo.

Recuerdo una anécdota de una maestra que aprecio mucho. Dos obreros de una gran fundición de acero se ven en medio de la situación que la fábrica va a cerrar. Uno le dice al otro, "¿Ya escuchaste?, ¡se acabó el trabajo!" El otro tranquilo responde, "¿En todo el mundo?". "No seas tonto", dice el primero, "¡se acabó aquí!" El segundo trabajador, aún tranquilo, suspira de alivio y dice, "Ah bueno, menos mal". Dos enfoques diametralmente opuestos de una misma situación. ¿Cuál obrero eres tú?

Antes de pasar al siguiente capítulo, quiero pedirte otro ejercicio de reflexión. Este no requiere meditar mucho, pero también existe un audio grabado para que te ayude si lo necesitas. Si no crees necesitarlo, solo cierra un momento tus ojos y reflexiona.

Vamos a ver dónde está TU Isla.

Ejercicio Tu Isla

Busca un espacio cómodo dónde sentarte y empieza respirar tranquilamente. Inhala y exhala. Ahora piensa en tus días. Los buenos y los malos. Los días que sientes que las cosas fluyen y los días que a veces sentimos mucha carga.

Ahora piensa en las cosas que amas hacer y anótalas
(trata al menos de anotar 3):

_____

_____

_____

_____

_____

Sonríe y agradece por esas cosas maravillosas que te gusta hacer.

En seguida, piensa en las cosas que te cuesta mucho esfuerzo hacer y anótalas
(trata al menos de anotar 3):

_____

_____

_____

_____

_____

El reto es encontrar la forma de hacer lo que amas más que lo que te cuesta mucho esfuerzo. Tal vez en este momento no encuentres como hacerlo. No te preocupes. Tú piensa en lo que amas hacer y estoy seguro que el "cómo" se presentará.

Hay veces que salen a relucir cosas que tengo dificultad en hacer. Por ejemplo, en mi caso particular, siempre he tenido que esforzarme mucho con los números. Y al ser dueño de mi propio negocio, tengo que enfrentar temas de contabilidad. Un día me pregunté, ¿qué opciones tengo?

Busqué ayuda. Me apoyé y pagué los servicios de un buen contador. Aprendí a identificar los temas y hacer los procesos, aunque no los haga yo mismo, para poder estar al pendiente de esa área que no me es natural. Requiere más tiempo y dedicación.

Probablemente tendrás que regresar a este capítulo porque habrá una conexión más adelante cuando sigas leyendo el libro y encuentres tu fuerza interior. Regresa y vuelve a leer cuantas veces sea necesario.

Es muy importante que anotes las respuestas antes de pasar al siguiente capítulo, porque es increíblemente valioso cuando avanzamos, poder regresar y revisar. Surgirán dudas porque la memoria a veces no logra recordar. Si escribiste las respuestas, podrás revisarlas siempre que lo requieras.

"Pregúntate si lo que estás haciendo hoy,
te acerca al lugar en el que quieres estar mañana."

Walt Disney

Icono animador del Siglo XX y creador de uno de los imperios
de entretenimiento más grandes y reconocidos del mundo

Capítulo 3

El Zombi que corrió el Maratón de la Vida (ganó y llegó al final igual que todos)

Como ya les había comentado, me tocó vivir un proceso personal de transformación que implicó bajar de peso, cambiar mi alimentación y re-conectarme con la salud de mi cuerpo en primera instancia y después con mi mente, mis emociones y finalmente con mi parte espiritual, la cual debo confesar tenía muy desatendida. Les comparto la historia de cómo se detonó este proceso.

Hace muchos años me casé con una mujer que amo mucho y a pesar de muchas diferencias que a veces tenemos, hemos encontrado un camino de crecimiento juntos que ha resultado ser imperfectamente perfecto.

Ella siempre ha estado muy consiente de su cuerpo desde que la conozco. La considero una gran atleta, con mucha fuerza, y tiene una dedicación muy admirable para lograr sus metas. Además de esto, siempre ha sido una persona muy consciente de su alimentación, y aunque es fanática de los chocolates, debo reconocer, siempre ha logrado balancear las cosas para ser muy saludable. Es un ser humano increíble y ha sido de las grandes maestras en mi vida.

Por años, trató de ponerme en movimiento, que mejorara mi alimentación, y que adquiriera una disciplina de ejercitarme. Por años fracasó. Intentó una y otra vez, pero mi Zombi estaba lleno de malos hábitos. Pésimos, sería más acertado. Hábitos que yo mismo adopté. No desayunaba hasta llegar a la oficina donde tomaba café o refresco de dieta. Comía lo que hubiera, normalmente más de la cuenta por no haber desayunado y para cuando llegaba la hora de la cena le metía a mi organismo lo que hubiera disponible. Comidas de confort altas en carbohidratos y azucares, siempre llegaban primero que frutas o verduras.

Obviamente con actividad física baja o nula y preocupaciones muy altas, mi cuerpo no estaba nada bien. Un Zombi hecho y derecho, caminando de un lado a otro buscando comida. Hoy, en retrospectiva, siento que le falté al respeto a mi cuerpo. Después de todo, solo tenemos uno y por tiempo limitado.

¿Todo esto suena familiar? Seguramente puedes ser tú también. Tal vez aún no te das cuenta que estás en una espiral de auto-destrucción, porque no lo has reflexionado.

Somos bombas de tiempo. Colesterol y triglicéridos elevados, peso alto, azúcar en los límites y sumado al estrés con el que vivía, me tenían realmente deprimido sin haberme dado cuenta. Afortunadamente vengo de una familia bastante sana y no caía en temas de abuso de alcohol o drogas, pero realmente si lo evalúas bien, es muy fácil dar el paso ya que estás allí.

Si eres como yo, seguramente te podrás identificar con algunas de estas cosas. Fui probando nutriólogos, dietas milagro, vueltas al gimnasio y las cosas no funcionaban. Otra vez, ¿suena familiar? La caminadora que compras se vuelve perchero, la membresía del gimnasio se expira sin haber ido y los tenis te los pones para ir por los tacos el fin de semana.

¿Por qué pasa esto? Se llaman Paradigmas y son cómo candados. Los famosos controladores de mi mente; los grandes limitadores de mi potencial. Algo de lo que hablaré unos párrafos más adelante. Por lo pronto sigo con la historia.

El 27 de noviembre de 2009 inicié un camino difícil para mí. Curiosamente era un Zombi con sobrepeso, casi estático, caminando de una comida a otra y recorriendo un camino que no era el mío. A los zombies les gusta seguir a los otros zombies.

Siempre supe que debía convertirme en alguien que entra en la categoría saludable, al menos en su nivel mas elemental. Sabía que los cambios son graduales y me fui preparando para ello. Sabía que lo más difícil era crear conciencia y el balde de agua helada llegó durante un viaje.

Era un "viernes negro" en Las Vegas, Nevada. Black Friday como le llaman allá. El día de las grandes ofertas. Ese famoso fin de semana donde los americanos compran sus regalos de navidad. Los comercios anuncian 70% de descuento y las personas hacen filas de horas para comprar cosas que muchas veces no necesitan, porque están a precios irresistibles.

Lo material es un gran mercado y mueve mucho dinero. Pero la historia comienza unos días antes de mi viaje, cuando mi esposa me anuncia de manera categórica e irrefutable que iba a correr el medio maratón (21kms) de la ciudad de Austin, Texas, en febrero del año siguiente. No era una pregunta. Era un aviso de una determinación tomada.

Debo admitir que hubo molestia por mi parte y se lo hice saber. Me enojé, porque un entrenamiento de ese tipo cambia tu rutina de pareja y familia completamente. Por ejemplo, ¿qué iba a pasar con las salidas los viernes en la noche a cenar si ahora ella no se podía desvelar? ¿Y si hay otros planes? ¿Y si el dinero lo usamos para otra cosa?

Conforme se acercaba la fecha pensé que las cosas se iban a poner complicadas y tuve un sentido de molestia permanente durante esta parte de mi vida. Fui muy egoísta y acepto que en ese momento no lo podía reconocer. Ella estaba iniciando su entrenamiento con mucha seriedad y apoyo de otros corredores. Pero más importante, lo estaba haciendo con mucha pasión, algo que siempre debemos apoyar.

Una de las cosas que ella requería para hacer su carrera, era realizarse una prueba de pronación de pisada para determinar cuál era el tipo de calzado deportivo que necesitaba para la carrera y que fuera más en sintonía con su cuerpo, previniendo lesiones de rodilla y espalda baja.

Así que durante el viaje a esta ciudad americana, en medio de las compras y rebajas increíbles, de shows, cenas e idas al casino, me pidió que la llevara a una tienda especializada de corredores a realizarse la prueba que le determinaría su siguiente par de tenis para correr. De nuevo, sorpresa e incomodidad por salirnos del plan original.

Había que dejar otras actividades del viaje, para cumplir con lo que yo veía como un capricho. Los Zombies ven las cosas de manera muy superficial y esta no era la excepción. Hay poca conexión emocional y por lo tanto, poca empatía.

Así que dejamos atrás el glamour de Las Vegas, los grandes hoteles, el neón y la opulencia, para adentrarnos en la ciudad y llegar a una tienda especializada en calzado deportivo, mas chica que cualquier tienda de conveniencia. Localizada en un pequeño centro comercial de locales exteriores a varios kilómetros del área turística, nos recibió un empleado vestido de pantalones cortos, camiseta y tenis de correr.

Esta amable persona había corrido maratones y tenía toda la experiencia para determinar si la pisada de quien se hace la prueba es recta, si se inclina hacia adentro o hacia fuera, y luego aprendí, esto es básico para un corredor serio.

La prueba es sencilla. Te quitas zapatos y calcetines para correr descalzo en una banda caminadora de esas que hay en los gimnasios y una cámara graba tus pisadas, presentándole a quien te evalúa una serie de fotos de cómo pisas. El vendedor entonces determina tu pisada y te recomienda una serie de modelos que se adecuan ti.

Para alguien que sabe del tema, esto puede parecer normal. Pero para los que éramos neófitos, se me hizo algo interesante y curioso; por no decir que muy extraño. Sin embargo, observé. Entré como en un trance y me senté a descubrir el proceso. Me invadió una sensación de paz. El enojo se fue. El Zombi tenía curiosidad.

Mientras mi esposa se probaba un sinnúmero de pares de todas las marcas, yo inicié una conversación con este interesante personaje. Un hombre de unos 35 años, delgado, de lentes y que cuando llegué preguntando por las ofertas del viernes negro, me dijo, "Aquí este viernes es como cualquier otro viernes", refiriéndose claro a que una tienda tan especializada no requiere ese tipo de mercadotecnia para vender. Entendí que no era una tienda para Zombies.

Cuando observé a mi esposa adentrarse en este camino y ver el entusiasmo con el que estaba emprendiendo el reto, me di cuenta de algo. Como si un gran banco de neblina se retirara de mi vista, sólo para recibir un balde de agua fría sobre mi cuerpo.

Entendí, después de tres años de noviazgo y en ese entonces diez de casado, que las relaciones de pareja son como las ligas. De hecho todos los vínculos de las relaciones humanas se unen como si fueran ligas. Las puedes estirar un poco y regresan a su tamaño, pero sí las estiras mucho van perdiendo fuerza. Si las estiras de más, se rompen. Y por más que la vuelvas a pegar o amarrar ya no es una buena liga. Necesitas crear una nueva y es volver a empezar con muchas más dificultades que la primera vez.

Mi liga estaba estirada y me di cuenta que estaba a punto de romperse. En ese momento tomé la decisión de hacerme yo mismo la prueba de pronación y acercarme más a entender su lado. La presión de la liga se empezó a soltar. Como referencia, mi último par de tenis lo había comprado en una tienda de deportes, en oferta y lo escogí porque me gustó. Se me hicieron bonitos. De eso hacía como 3 años. Estaban casi nuevos. Fui deportista en algún momento de mi vida, pero como me volví Zombi, dejé de lado la actividad física.

La prueba fue fácil y me indicó que soy un pronador leve y que requería calzado que me ayudase a corregir un poco la pisada hacia adentro. Cuando terminé de seleccionar la mejor opción para mí, el peculiar vendedor me pregunta: "¿Qué sigue para ti?".

Me quedé pensando un rato y le dije, "Pues yo creo que en los próximos meses iniciaré un proceso de entrenamiento a ver si puedo lograr un 10K para marzo, al menos un buen 5K." Me dijo: "Si entrenas bien, comes bien y duermes lo suficiente, puedes llegar al 21K en ese mismo tiempo." Incluso, siguió, podrías correr en la misma carrera que va a hacer tu esposa. "Tal vez, --prosiguió-- acabes trotando y caminando, pero puedes hacerlo y te vas a divertir mucho".

Mi respuesta, desde lo más hondo de mis paradigmas y creencias limitantes, "NO creo lograrlo ni en un año. Tal vez nunca". Hasta pensé que esta persona no estaba tan bien capacitada como yo había percibido en un inicio. Me dijo que SÍ y mi mente me que dijo NO. El Zombi no quería correr.

Se me hacía muy lejana la meta. Me generaba estrés el pensarlo. ¿Qué pasa si no puedo? ¿Qué pasa si empiezo y me canso? Yo no soy atlético. Correr no es lo mío. ¿Qué estoy haciendo? Pura basura mental recorriendo mi mente y dictando mi comportamiento. Somos lo que pensamos y yo estaba pensando en limitaciones. ¿Te suena familiar? Nos pasa todos los días y todos los días luchamos contra esto. A veces es tan automático que no lo hago consciente.

Al iniciar el proceso de entrenar, después de regaños por parte del traumatólogo que me sugería no correr, después de una revisión con el cardiólogo, que tampoco le encantaba la idea, y de una obligada visita con la nutrióloga, me di cuenta que todo estaba en mi contra. Sobrepeso, antecedentes de hipertensión y colesterol, ejercicio abandonado años atrás y hábitos alimenticios de los peores. Solo adelantar el despertador 1 hora iba a ser difícil.

Sin embargo, esa suave y tenue voz del dependiente de la tienda diciéndome SI puedes, se quedó rondando en la parte de atrás de mi cabeza. Casi puedo decir que sentía su mano sobre mi hombro, como dando un pequeño empuje. Esto, sumado al apoyo que recibí de mi esposa, me ayudaron a mantener el objetivo en mente.

De entrada hacía frío porque era invierno. Vienen las posadas. Los amigos me decían que estaba loco. ¿Cómo que ya te vas? Son las 10:30 P.M. y ni una cerveza te has tomado. Por todos lados te llegan los "NO's". Sales a correr y está frío o lluvioso, los automovilistas no respetan al corredor, siempre el mejor evento es el viernes antes de tu entrenamiento sabatino donde debes correr distancias largas y tienes que estar descansado, así que te duermes temprano y no vas. Sientes todo en contra. Pero realmente está a favor de ti. Tu fuerza interior te está guiando. El Zombi empieza a moverse cada vez más rápido y con mayor facilidad.

Uno de los aprendizajes clave de esta experiencia son las muchas voces, por todos lados, que te dicen NO puedes. Ya NO tienes edad. Tú NO eres atleta. ¿A quién quieres impresionar? "Un amigo se murió de eso". Nadie te la cree. "Mejor vente a la fiesta", "Es más divertido el bar o el estadio que lo que estás haciendo".

Entrené duro y le hice caso a mi dieta. Primero 1km, luego 5K y, poco a poco, empecé a avanzar. 1 kilómetro para mí en ese entonces se sentían como 100. Pero el Zombi está corriendo y no se quiere detener.

Tres y medio meses después de esa visita a la tienda terminé mi primer 10k y me sentía como si me hubiera atropellado un autobús repleto de luchadores de sumo con un elefante de equipaje. Apenas y me podía mover. La escalera de mi casa era como el Monte Everest y hasta acostado en mi cama sentía dolor. Seguí adelante.

El 28 de noviembre de 2010, un año y un día después del viernes negro y la visita a la tienda en Las Vegas, corrí el 21K en Monterrey. No es un maratón completo de 42kms para aclarar en términos técnicos, es un medio maratón. Para mí fue como si fueran mil kilómetros.

Pero realmente la metáfora de "el maratón" fue la odisea de viajar desde la decisión hasta la meta. Iniciando con la prueba de la pisada, pasando por todo el proceso y llegando a poder conseguir una medalla de participación. Un año de esfuerzo. Porque este tipo de carrera se gana llegando al final con todos. Lo que realmente estas ganando es tu propia movilidad. Te ganas a ti y ganas contigo. Tu cerebro registra que se pueden hacer cosas altamente retadoras y el camino vale mucho la pena.

Y es aquí donde viene el aprendizaje para mí. Llegué a la meta feliz, platicando con la persona que venía a un lado y me fui a desayunar con mi familia sintiéndome como si hubiera ganado la carrera, a pesar de haberla "perdido" junto con otros miles de personas. Pero le había ganado a alguien. No a los de atrás. Me había ganado a mí mismo. Al Zombi. A mis paradigmas. A las voces del NO. Una gran fuerza interior tiró de mi todo el camino, desde que decidí hacerlo hasta que terminé. ¡El Zombi estaba despierto al fin!

Todo está, en apariencia, siempre en contra de nuestras metas. Lo más fuerte es toda la gente que te dice que NO. En cada conversación hay un NO. Gigante, en color, en 3D. En cada reunión un comentario negativo. En cada situación un intento por alejarte. Las voces del "NO" son fuertes y les encanta ser protagónicas.

Pero siempre hay alguien que te dice que SÍ. Yo tuve dos personas que me dijeron que si desde el primer día y que confiaron en mí ciegamente. Mi esposa y ese empleado de la tienda en Las Vegas. Solo que las voces del "si" son tenues y algo tímidas. Aparecen poco y con volumen realmente bajo. Pero allí están. Sólo debemos detenernos un momento y escuchar.

El corredor que me vendió los tenis me dijo lo que tenía que hacer (entrenar, comer, hidratarme y dormir bien) y creyó en mí sin conocerme y a sabiendas que de todas formas le iba a comprar el par de tenis. En esta vida los NO se manifiestan en todos lados. Incluso en la gente que nos quiere.

Ese vendedor me enseñó una gran lección de vida. Los SÍ son sutiles. Muchas veces casi imperceptibles. Hay que estar alerta de escuchar y seguir el SÍ. Hay que hacer caso al que te dice SÍ puedes. Es cuestión de detenernos un poco y escuchar.

Es aquí donde entra el concepto de Paradigmas. Tal vez una palabra trillada de tanto que se usa. No importa cuánto la hayas escuchado, los paradigmas son el resultado de nuestras creencias y son ley hasta que son reemplazados por un nuevo paradigma. Sí, leíste bien, no importa si están correctos o incorrectos, son ley hasta que yo decido quitarlos y cambiarlos por otra ley nueva.

La historia está llena de ellos. La tierra es plana, el hombre no puede volar, las mujeres no deben votar. Ideas equivocadas, pero percibidas como ciertas.

Como nuestros paradigmas están basados en creencias, vamos a analizar eso un poco y hacer un pequeño ejercicio para ayudar a tu Zombi a correr cualquiera que sea la carrera que debe enfrentar.

Cada vez que sentimos que no podemos hacer algo, hay una creencia limitante atrás de nosotros. Alguien, por alguna razón y no siempre con mala intención, nos dijo que no podíamos o no debíamos. Un padre o tutor. Una figura de autoridad como un médico, profesor o sacerdote. Alguien cercano como una pareja o una buena amistad. Curiosamente quien te dijo que no puedes, no es porque lo hizo y habla de experiencia, sino porqué esa persona nunca se atrevió a hacerlo. Es un escenario muy común.

En la película de Will Smith "En Busca de la Felicidad", el personaje que hace de padre le dice a su hijo: "Si tienes un sueño tendrás que protegerlo. Las personas que no son capaces de hacer algo, te dirán que tú tampoco puedes. Si quieres algo ve por ello y punto". Nada más cierto que estas palabras.

Vamos a revisar un poco nuestras creencias limitantes con el siguiente ejercicio.

Ejercicio Creencias Limitantes

Recuerda que debes relajarte antes de hacer los ejercicios y que tienes disponibilidad de los audios grabados. Las ligas están al final del libro. Pero puedes sólo hacer una pausa y empezar a reflexionar.

Como lo hemos estado haciendo, busca un lugar tranquilo y relajado, donde tu mente pueda pensar en paz. Respira inhalando y exhalando despacio mientras tu mente se desconecta del mundo exterior y tus emociones empiezan a manifestarse.

Piensa en tres cosas que quieres hacer, pero sientes que no puedes. Recuerda que no hay creencias buenas o malas, solo limitantes o amplificadoras. Tú decides cuál:

Anota tus respuestas aquí:

1. _____
2. _____
3. _____

Ahora analiza las causas de por qué crees que no puedes. ¿Quién te dijo que no puedes? ¿Por qué te dijeron que no puedes? ¿Por qué crees que no puedes? ¿Qué pasaría si lo intentas?

_____

_____

_____

Para remover una creencia limitante debemos reemplazarla por una creencia amplificadora. Una creencia que incrementa en tamaño, cantidad e intensidad. Hay que escoger creencias nuevas y positivas para reemplazar las antiguas.

Por ejemplo: "Estoy fea y por eso no consigo novio", puede ser reemplaza con "Soy bella y voy a encontrar al hombre correcto para mí". Otro ejemplo es: "No puedo ganar más de una cantidad de dinero por mes en este horrendo empleo", puede ser reemplazada por: "Puedo ganar lo que quiera mientras haga lo que me gusta".

¿Cuáles son mis nuevas creencias?

Anota tus respuestas aquí:

1. _____

2. _____

3. _____

Ahora vamos a dejar ir las creencias limitantes. Esto implica dedicación, cambio de hábitos y salir de mi zona de confort. Pregúntate, ¿qué cosas debes dejar ir para poder reemplazar la creencia nueva con la vieja? Es como cambiar a una estación de radio diferente porque la actual ya no me gusta. Es increíble lo que cargamos y no nos damos cuenta hasta que lo soltamos.

Por ejemplo, la persona que dice que está fea y no consigue novio por eso, deberá dejar ir un grupo de amigas que se reúnen para criticar a los hombres. Deberá, tal vez, dejar de escuchar a su madre que le dice que los hombres no le hacen caso porqué no "salió" bonita. No quiere decir que se pelee con la madre o las amigas. Sólo hay que dejar de escuchar esas cosas negativas que refuerzan la creencia.

En el caso del empleado que odia su trabajo y cree que no puede tener mas dinero, probablemente deberá dejar de frecuentar a esos compañeros de trabajo que critican la empresa o se burlan del director. Deberá dejar de ver su rango de sueldo actual en las bolsas de trabajo y empezar a ver rangos mayores. Deberá, tal vez, soltar a esa figura de autoridad que le dice, "Hijo, tú no eres muy listo así que no llegarás muy lejos".

¿Qué tengo que dejar para que la creencia limitante se vaya?

1. _____

2. _____

3. _____

Así que ya tengo tres creencias limitantes que quiero dejar ir, tres creencias amplificadoras por las cuales quiero reemplazarlas y sé qué cosas debo dejar ir por cada una. Pero aún falta un paso.

Ahora hay que encontrar las cosas que servirán como evidencia de mi nueva creencia. Los SÍ.

La chica que dijo: "Soy bella y voy a encontrar al hombre correcto para mí" debe escuchar a las personas que le dicen que es bonita, inteligente, atractiva e interesante. Siempre hay quien nos lo ha dicho pero los SÍ son más silenciosos que los NO. Hay que escuchar con atención. Adicionalmente debemos agregar cosas que la hagan sentir bella, no todas físicas. Puede ser un color de ropa diferente al que normalmente uso, puede ser dormir un poco más y sentir la cara menos inflamada. Puede ser sonreírle a todos, soltarme el cabello o sentarme de una forma diferente.

El chico que busca un mejor trabajo, debe empezar a revisar las bolsas trabajo sin importarle el sueldo, solo viendo las opciones que existen. Debe ver con otros ojos su trabajo actual, platicar con personas que son felices en esa empresa para ver que ven ellos. Buscar nuevos conocimientos. Incluso ver opciones para invertir tiempo y dinero fuera de lo que actualmente hace y, en dado caso, empezar a ser emprendedor.

Debemos hacer las cosas de manera diferente, empezando a mover al Zombi más allá de la rutina y la interminable búsqueda del alimento. Lo más importante en esta etapa es empezar a identificar cómo te hace sentir todo esto que empiezas a explorar.

Pregúntate, "¿Qué tengo que hacer para que mi nueva creencia su quede conmigo?"

1. _____
2. _____
3. _____

Ahora tómate el tiempo de escribir tus nuevas creencias y lo que estás usando como evidencia en tres tarjetas. La primera del tamaño de una tarjeta de presentación para que lo traigas en tu cartera. La segunda, del tamaño de una tarjeta de fichero, para ponerla sobre tu mesa de noche, vestidor o tocador. La tercera para tenerla en tu lugar de trabajo. Usa tu creatividad. Busca papel de colores, cambia de tinta. Al final, son tus nuevas creencias. Déjalas que exploten frente a ti.

Cada vez que sientas que la creencia vieja, la limitante, la que no queremos, está buscando qué sigas siendo Zombi, ¡ALTO!..... Respira profundo, y voltea a ver la tarjeta que tengas más cerca. Recuerda tus motivos para cambiar esa creencia y recuerda los **SÍ**. Repite cuantas veces sea necesario. No hay sobredosis de repetición, pero sí puede haber sub-dosis. Así que date gusto.

Hazlo todas las veces que suceda, sin importar si son 2, 12 o 20 por día, por semana, por mes. En un inicio serán más veces, pero poco a poco te irás olvidando de las tarjetas porque la creencia nueva ya está en su lugar.

Paciencia, optimismo y siempre recordando el **SÍ**. Te doy la bienvenida al inicio del cambio, al inicio de tu nueva y más feliz persona. Al inicio del Zombi que se Puso a Vivir.

"Yo honro el lugar dentro de ti
donde el Universo entero reside.
Yo honro el lugar dentro de ti
de amor y luz, de verdad y de paz.

Y sé qué cuando tú estás en ese lugar
dentro de ti,
y yo estoy en ese lugar
dentro de mí
Tú y Yo somos solo Uno."

Namaste

Saludo de origen Sánscrito de aproximadamente 3,500 años
de antigüedad, que se usa para saludar, despedirse, pedir,
dar gracias, mostrar respeto, venerar y rezar.

Capítulo 4

"El Yoga arruinó mi realidad" y Gracias a esto ¡Mi Zombi es Feliz!

Como les compartí en el capítulo anterior, mi Zombi interior decidió que no estaba divertido estar en el trance repetitivo en el que vivimos como sociedad y decidió romper la caminata hipnótica, cambiándola por la libertad de moverse en plenitud. Pero el movimiento fue solo el inicio. También había que frenar de vez en cuando y respirar. Conectarse con todo lo que me rodeaba fue el siguiente paso y no lo sabía.

Es aquí donde descubrí, casi por accidente, el Yoga. Antes de seguir con mi relato quiero aclarar que en mi percepción, las personas que han atacado esta disciplina por motivos religiosos están actuando con poca información y creo que guiados por motivos que no se han cuestionado.

En noviembre de 2011, el padre Gabriel Amorth, quien fue nombrado por Juan Pablo II como responsable de exorcismos del vaticano, declaró a la prensa italiana que el Yoga y las películas de Harry Potter no eran aptas para católicos. El Yoga te lleva al Hinduismo que cree en la reencarnación y las películas del joven mago te llevan a la magia negra.

Esto ha creado mucha controversia a nivel internacional y lo que voy a escribir habla de mi propia experiencia, en la cual, les puedo asegurar, no me he cambiado de religión, no me ha puesto a adorar cosas que no entiendo y no me ha llevado a nada más que a cambiar mi vida de forma positiva.

Todo lo que mi vida espiritual ha cambiado, había cambiado desde antes. Incluso puedo decir que me siento mejor sobre mi propia espiritualidad ahora que antes y el Yoga solo fue uno de muchos componentes de un proceso evolutivo.

Por cierto, las películas de Harry Potter me encantan, las he disfrutado en familia y ninguno de los miembros de mi familia, por cierto, tienen más magia que la de ser personas increíbles. Pero esta, la han tenido siempre.

Lo que sí les puedo decir es que el Yoga arruinó mi vida. Mi vida en ese momento. Mi vida de Zombi. Mi vida de autómata, de cuerpo hipnotizado por perseguir un destino que no era mío. Si bien el ejercicio rompió con el "hechizo", como dirían los magos, el Yoga me llevó al siguiente nivel.

La historia de cómo inicié en el Yoga siempre me ha resultado simpática y de mucho aprendizaje. Es una de las grandes lecciones de mi vida.

En este camino por ser una persona más saludable y entender que esto es un camino fascinante, me topé con el yoga. Yo era un Zombi, pero había yoga en mi casa. Mi esposa estaba estudiando su primer entrenamiento para ser maestra en esta disciplina y se puede decir que en nuestra familia se volvió un tema recurrente. Incluso a niveles un poco intensos.

También debo confesar que lo hice pensando que me ayudaría a estirar los músculos ya que correr me dejaba muy rígido y realmente mi acercamiento fue únicamente por este motivo. Quería ir para no sentirme rígido. Mi sorpresa fue más grande de lo que me esperaba.

Al llegar al "shala", como se conoce a los centros de yoga, me encontré entrando a una clase de principiantes, lo que me pareció adecuado a mi condición. El puro mote de principiante me hizo sentir que estaba en el lugar correcto. No tenía mucha idea de lo que iba a pasar, así que mejor me fui despacio. Como llegué a las 10 A.M., en la clase solo había mujeres y yo.

A mi lado una interesante mujer, arriba de 60 años y con algo de sobrepeso, me pregunta: "¿Es tu primera clase?", a lo cual asiento. "No te preocupes", prosigue, "te la llevas despacio y poco a poco irás haciendo cada vez más cosas".

Para un corredor amateur de 39 años de edad en ese entonces, me pareció sorprendente que me estuvieran diciendo algo así. Creo que la vi con ojos condescendientes de "gracias, pero claro que puedo, ayer corrí 12 kms. Soy joven, estoy en buen estado físico y creo que cualquier cosa que suceda en una clase de principiantes será un reto sencillo para mí". Gran error, pensar así. Mi juicio Zombi no me permitió ver más allá y agradecer el consejo.

Al final de la clase yo había hecho como un 30% de las posturas, estaba empapado en sudor, tratando de controlar la respiración, agotado, un poco confundido de los movimientos, pero con una interesante sensación de paz. Mi "vecina" estaba tranquila y sonriente, enrollando su tapete. Había hecho una clase muy completa y su expresión hacia mí era una combinación de compasión y sabiduría. Casi diciendo, "te lo dije", pero sin verbalizarlo. No me quedó más que sonreír, agradecer y marcharme lo más rápido posible de allí.

Ese día inició mi contacto con el Yoga. Una disciplina que ha cambiado mi vida, aunque por temporada lo practico poco. Me ha ayudado no solo físicamente. Mi mente piensa con más claridad y mi conexión espiritual es más fuerte que nunca. Descubrí que no tiene nada que ver con la religión y realmente no es incompatible, más bien complementaria.

Ahora duermo mejor, respiro mejor. Empecé a pensar con más claridad. Controlé mejor mi estrés y mi sensación de paz es mayor. Además me ha ayudado a ser un mejor deportista, dentro de las características propias de mi edad y mi cuerpo. Y aunque por temporadas, como lo comenté, me separo un poco de la disciplina, el simple hecho de sacar el tapete y hacer algunas posturas siempre me reconectan con todos los beneficios.

Tuve la enorme bendición de poder hacer una certificación de 200 horas para maestro, más como reto personal que por querer dar clases. Conocí gente increíble que me aportó muchos aprendizajes y llevé mi cuerpo a hacer cosas que no creí posibles, siempre con ese estado de paz que les mencioné.

Pero lo interesante es que cuando le platico a la gente, especialmente a los que no hacen yoga, me ven cara de esotérico, como si estuviese hablando de cosas sacadas de un antiguo libro de alquimia. Un amigo me vaciló mucho. Me dijo: "¿Yoga? ¿ya te compraste un leotardo y mallas?".

Para hacer Yoga no se necesita leotardo ni mallas. Se necesitan las ganas de enfrentarte a tu cuerpo, a tus miedos y a tu ego. Las ganas de mejorar física y mentalmente, encontrándote en el camino. He visto gente en parques, con ropa muy sencilla y sobre una toalla porque no tienen tapete, pero allí están enfrentándose al reto.

Habría muchas palabras que escribir, pero lo que más puedo recomendar es que asistan a cualquier centro de yoga de su ciudad, o a alguno de los muchos parques que la ofrecen. Encuentre algunas clases de prueba y reciban la oportunidad de experimentar en carne propia esta gran experiencia. No se presionen y fluyan.

El leotardo no es necesario, pero tampoco pasa nada si lo usas. Realmente no necesitas ropa cara de marca. Solo algo que te haga sentir en comodidad con tu cuerpo.

El mayor aprendizaje de esta etapa es vivir en el presente. Algo que voy a tocar en el siguiente capítulo, relacionado a la felicidad y que a pesar de las investigaciones recientes de universidades prestigiosas y millones de dólares de inversión, los antiguos yoguis los sabían.

Estar aquí y ahora, sin culpa de pasado, ni estrés de futuro, es la mayor sensación de tranquilidad que uno puede experimentar. El sentirme feliz y libre.

Mi práctica actual de yoga tiene menos participación ahora, porque me he acercado a otros tipos de actividades. Lo increíble es que los aprendizajes físicos y mentales sirven para cualquier actividad. La complementan. Mucha de la filosofía, adaptada y traída al presente la he incorporado en mi vida diaria con grandes resultados.

Namaste.

Quiero compartirles un ejercicio básico en el yoga pero que sirve para la vida diaria. Solo toma unos minutos.

Ejercicio de La Montaña

Sin calzado ni calcetines, busca estar de pie en una superficie cómoda. A mi me encanta hacerlo en el jardín, pero puede ser en un tapete o en el piso mismo. Cierra tus ojos y empieza a respirar.

Si te sientes confortable, lleva tus manos al pecho en posición de rezo o simplemente colócalas una sobre otra en el centro del pecho. Sigue respirando. Empieza a sentir tu cuerpo. Siente tus pies tocando el suelo y haciendo contacto, mientras sostienen tus piernas. Eleva tus hombros y llévalos ligeramente atrás, sintiendo como se abre tu pecho. Siente el latido del corazón.

No hay nada más. Solo tú allí. En el presente. Eres una montaña. Aquí y ahora. Firme. Con base sólida en el suelo, pero saliendo a alcanzar el cielo. Sigue respirando. Esta montaña que es tu cuerpo te hace sentir fortaleza, pero a la vez serenidad. No hay prisa de moverse. Solo existe ahora. Aquí y ahora.

Sigue respirando. Poco a poco, abre tus ojos con un ligero parpadeo y sigue en la posición. Descansa tus brazos bajándolos. Observa tu cuerpo. Tu respiración. Tus emociones. ¿Qué sientes? ¿Qué pasa por tu mente? ¿Hubo recuerdos? ¿Qué tanto pudiste estar en paz sin distracciones?

Aquí hay unas líneas para que escribas lo que desees después de haber hecho el ejercicio, al menos 3 días seguidos. Te recomiendo hacerlo por mas días, 5 minutos cada vez y observarte con detenimiento. ¿Qué cosas cambian cada día?

Día 1

_____

_____

_____

_____

_____

Día 2

_____

_____

_____

_____

_____

Día 3

_____

_____

_____

_____

_____

"El hecho de que seas feliz no significa
que el día sea perfecto,
significa que has ido más allá de sus imperfecciones."

Bob Marley

Compositor, intérprete e ícono cultural jamaiquino, famoso por
su música de reggae, fusionado con estilos musicales
como el ska y el "rocksteady"

Capítulo 5

El Zombie ahora puede ser Feliz

Cuando le pregunto a las personas, "¿Qué te hace feliz?", recibo una serie de respuestas muy variadas. El dinero es una muy común. La familia, los hijos, la pareja, son otras. Lograr mis metas, ganar la competencia, ser el primer lugar, también figuran entre las más comunes. Que me den el ascenso, que se haga el proyecto, que se cierre la venta, son algunas otras más. El dinero siempre sale a relucir.

Las mas frívolas que me han dicho son, "un nuevo par de zapatos" y "comprar maquillaje" (ambas de mujeres). La que yo sentí más agresiva fue la de "matar un venado" (dicha por un cazador), pero respetable dentro de sus propias creencias. Por último las más curiosas que me han tocado son "que no me estén molestando" y "dormir".

Cada quien tenemos en nuestra mente una serie de situaciones que sentimos que nos harán felices. Si se dan, tenemos instantes de lo que creemos es la felicidad y si no se dan, que es la mayoría del tiempo, vivimos en una tormenta de emociones que incluyen, tristeza, frustración, ansiedad, angustia y hasta depresión. ¿Te gusta vivir así? A mí no, lo odiaba. Pero no sabía cómo hacer para modificar esto. Sentía que el mundo estaba al revés y eso me ponía en un estado increíblemente negativo. Más de lo que deseaba aceptar.

Un día, viendo una conferencia de Shawn Achor, un psicólogo e investigador de la Universidad de Harvard, entendí que lo que estaba al revés no era el mundo sino mi percepción sobre él. Resulta que la felicidad, al menos la forma en que la vemos, está al revés. Sí, completamente y totalmente al revés. Al revés volteada como dicen. De cabeza. Y esto no lo vemos, muchas veces, hasta que es demasiado tarde.

Lo más interesante es que sólo el 10% de las cosas externas influyen en nuestra felicidad. El restante 90% viene de adentro. De la forma en que vemos el mundo. De cómo nuestro cerebro interpreta. Percepción convertida en realidad a través del poder de mi mente.

De acuerdo a este investigador, hemos empujado la felicidad al otro lado del éxito. Hemos aprendido, desde muy temprana edad, que el camino es de sufrimiento y dolor. Hay gente que se siente angustiada porque sus vacaciones van a terminar y no han iniciado aún. Cuando terminan, están en un estado de depresión.

Realmente el camino, incluso con mucho esfuerzo, trae felicidad. Pero el Zombi se enfoca en el dolor, en la pérdida. Ve el esfuerzo como algo que pesa sobre nosotros e interpretamos que las oportunidades que ofrece el mundo, son para otros.

Alguna vez escuché a un corredor hablar sobre "la zona". Sobre ese momento en donde ya empezaste, sabes que no hay regreso, pero falta mucho por terminar. Es un paso después que otro y entras en una zona como de meditación, donde el cuerpo corre en automático y estas tú solo con tus pensamientos. Para la persona que me lo platicó, es la mejor sensación que existe. Los Yoguis le dicen meditación en movimiento. El trance de sentir que fluyo en el tapete.

Así que el reto es encontrar estas zonas todos los días a lo largo del camino. La verdadera felicidad está en el recorrido. El trabajo diario, no solo la quincena o el aguinaldo. Las situaciones familiares cotidianas, no sólo los grandes eventos. Los días en las aulas, no solo las graduaciones. La verdadera felicidad está en cada momento de nuestras vidas, lo que tenemos que hacer es re-programar nuestra mente para que pueda ver las cosas desde este nuevo ángulo.

Para tener éxito en esta nueva tarea, tenemos que entender un concepto clave al cual llamo "La Teoría de los 3 Tiempos" y es mi propia teoría que resume muchas investigaciones sobre el tema de balance en la vida. Así como las comidas de tres tiempos, donde la sopa va antes del plato fuerte, que a su vez va antes del postre, en nuestra vida también debe existir un orden de prioridades para poder encontrar la felicidad. Estoy hablando de orden y secuencia, no de cantidad de minutos, pero la medida de cantidad nos señala las prioridades de cada persona. Les comparto un ejemplo.

Un día, en un curso, le pregunté a un grupo de vendedores sobre su distribución de tiempo. ¿Cuántas horas trabajan por semana? El consenso fue 50. ¿Cuántas horas dedican a la familia y el círculo social inmediato? 15 horas fue el consenso. ¿Cuánto tiempo se dedican ustedes? Aquí se veían rostros de sorpresa en todo el grupo. Nadie se dedicaba tiempo para sí mismo. No hacían ejercicio, no aprendían cosas nuevas, no leían, no meditaban y, en general, no hacían nada solos.

Escondida en las respuestas a estas preguntas, está la verdadera clave de la felicidad. Vale mucho la pena analizarlo.

El "tiempo laboral" promediaba 50 horas por semana. El tiempo familiar/social 15 horas por semana. El tiempo "personal", cero. Pero los seres humanos funcionamos al revés. Primero tengo que estar bien yo. Física, mental y espiritualmente balanceado. Una persona en equilibrio, es un mejor miembro de su familia y de la sociedad, y por ende, un mejor vendedor, doctor, financiero, carpintero o lo que sea su profesión.

El problema es que nos ponemos al último en la lista de prioridades. Ojo, no estoy diciendo que debemos invertir el proceso. 50 horas personales,

15 familiares y cero laborales no es la solución. Esto que tiene que ver con sentir que yo soy importante y merezco recibir.

Lo que estoy diciendo es que hay que encontrar calidad de tiempo para nosotros. Esta debe ser prioridad sobre cualquier cosa. Debemos dedicarle tiempo a quien amamos más en este mundo: a nosotros mismos.

Sólo dedicándonos tiempo personal, podremos iniciar el camino a ser personas más felices. ¿Qué incluye este tiempo personal? Lectura, ejercicio, meditación, aprendizaje formal e informal de cosas nuevas, descanso más allá del sueño regular, un masaje, manualidades, espiritualidad, etc. Cualquier actividad que implique solo a mi persona y que me ayude a ser una mejor persona.

La respuesta repetida en cursos y seminarios cuando toco el tema: Es que no tengo tiempo. La siguiente pregunta: ¿por qué no tienes tiempo?

Muchas veces no nos gusta mucho nuestro trabajo y no somos tan eficientes al hacerlo, lo que implica más horas en la oficina. Más horas en la oficina implica un sentido de culpabilidad con la familia, lo que nos lleva a dedicar todo mi tiempo libre a ellos.

Puede ser también cultura aprendida. Como los pensamientos limitantes que hablamos. A las mujeres les dicen, "tú vives para tu marido y tus hijos, al último tú". Así crecieron muchas mujeres. Los hombres pueden pensar, "si no atiendo a mi esposa se va a ir con otro, mejor le dedico todo el tiempo libre", creando relaciones de control y co-dependencia. Nos sentimos culpables y vemos como "egoístas" nuestras acciones. Pero egoísta es no darme el tiempo. Primero debería estar yo.

Como la sobrecargo que demuestra en el avión los procedimientos de seguridad. Cuando habla de las mascarillas de oxígeno, dice que si estás viajando con niños o personas que requieran ayuda, primero te la pongas tú y luego ayudes a alguien más. Es un principio básico. Si estoy bien, puedo ofrecer ayuda. Si no estoy bien, la voy a requerir.

No tenemos tiempo porque no creemos necesitarlo. Si empezamos a creer, lo vamos a encontrar. Para realizar este paso, el primero a tu camino de ser más feliz, no tienes que hacer movimientos radicales de agenda. Pequeños cambios en los lugares correctos, nos darán un gran inicio.

Por ejemplo, si quieres leer sobre un tema que te interesa, digamos una mujer que quiere aprender más sobre turismo, porque algún día quiere viajar, no tiene que comprar decenas de libros ni leer cientos de páginas.

Puede empezar con algún artículo en una revista, unos minutos antes de dormir. Buscar algo de información complementaria en Internet al día siguiente. Dedicarle tiempo el fin de semana a ir a la librería y encontrar algún libro interesante. Empezar con 10 páginas, o 5 o una. Tal vez encontrar algunos videos cortos tipo cápsulas informativas de ese mismo tema. Hay muchas opciones y siempre se presentan si tenemos ganas.

Esos minutos, día con día irán enseñándole a tu cerebro que tú vales, que necesitas ese tiempo y que los beneficios de dártelo se reflejan en tu persona, tu familia, tus grupos sociales y tu trabajo.

Si crees que puedes herir los sentimientos de tu familia, porque estás tomando este tiempo, explícales que lo necesitas y que tengan un poco de paciencia. Pídeles que abran el espacio para que tengas unos minutos y que de ninguna manera estarás sacrificando la calidad del tiempo que pasarás con ellos. Cuando empiecen a ver lo bien que te sientes, el entusiasmo que tienes cuando hablas sobre cosas nuevas y la tranquilidad con la que vives, estarán felices por ti. Incluso se sentirán contagiados de este proceso.

Cuando nuestra luz brilla, le mostrará a mucha gente que la suya propia también puede hacerlo.

Ahora piensa en 3 cosas que necesitas en tu vida dentro de este tiempo personal.

Te doy un ejemplo, las mías en algún momento fueron: hacer yoga, leer sobre la Ley de la Atracción y practicar más las terapias que doy.

¿Cuáles son las tuyas?

¿Qué quiero hacer con mi tiempo personal?

Anota aquí tus respuestas:
1. Actividad:_____ Tiempo x semana:_____
2. Actividad:_____ Tiempo x semana:_____
3. Actividad:_____ Tiempo x semana:_____

¡Felicidades! Este es el primer paso. Sigue creyendo que puedes y las cosas se darán.

Ahora bien, dijimos que el primer paso para poder ser felices es empezar en mi persona. El segundo paso es aprender a vivir en el presente. Suena fácil, pero te puedo decir que es de las cosas a las que más tiempo tendrás que dedicar.

Nuestra mente tiene una capacidad sobresaliente de extraerse del presente y vivir en el pasado y/o futuro. Funciona de manera increíblemente sencilla. No me gusta mi presente, así que imagino un futuro mejor o recuerdo nostálgicamente un pasado mejor.

Incluso puedo irme al otro extremo. No me gusta lo que vivo, me va "mal", y me remonto a los errores del pasado. Distribuyo culpas y "justifico" mi estado actual. También puedo imaginar un futuro peor que mi presente. Muchos piensan, "si ahorita estoy así, imagínate en unos años".

Pero a lo que nos lleva vivir en el pasado y el futuro, es a desconectar el presente. Y es precisamente en el presente en donde vivimos. Aprendiendo a vivir en el presente, desconectamos nostalgia o culpa del pasado y eliminamos stress y ansiedad del futuro. Al final el pasado ya pasó. El futuro será lo que vaya moldeando día con día. ¿En dónde?, en el presente.

¿Pero cómo desconecto el antes y el después para vivir en el ahora? Hay muchas formas de hacerlo. La yoga, la meditación, el perdón, la gratitud, y cerrar círculos, son algunas. Pero antes que nada voy a recomendar un ejercicio. Se llama "Las 3 Gratitudes" y está basado en un experimento de Robert Emmons y Micheal E. McCullough en el año 2003.

Este ejercicio es una de las formas de volver a entrenar al cerebro a vivir en el presente y funciona a través de la observación diaria.

Lo único que necesitas es un cuaderno en tu mesa de noche a un lado de la cama, para que registres tus resultados.

Por cada día, pon la fecha y tres espacios para escribir. Más o menos así:

Día/Mes/Año

1. _____
2. _____
3. _____

Y así cada día. El mínimo de días para el ejercicio son 21 días. Es el tiempo que se necesita para modificar un hábito, en este caso, el hábito de vivir fuera del presente.

Cada día en la noche que llegues a casa, vas a escribir tres cosas por las cuales estás agradecido o agradecida ese día. Pero hay algunas limitantes. Primero, no puedes repetir. Así que si un día agradeciste que viste un amanecer hermoso en las montañas o el mar, ese ya quedó en el ejercicio y no se puede volver a usar. Puedes sentir gratitud por eso, pero no se puede volver a escribir. De manera que tendrás 63 cosas diferentes al final de 21 días.

Otra característica del ejercicio es que los 21 días son consecutivos. Nada de brincarse fines de semana o días de mucho trabajo. Solo toma unos minutos y es muy poderoso.

Por último, cada cosa debe ser específica. Si vas a decir que agradeces por tus hijos, busca algo específico de qué agradecer. Por ejemplo escribir, "Doy gracias porque mis hijos me hicieron reír en la cena cuando realmente venía muy cansado del trabajo".

Usa tu creatividad. No todo son amaneceres, festivales del día de las madres o regalos de cumpleaños. Yo una vez escribí que daba gracias porque me tocaron todos los semáforos en verde en una avenida y llegué con mucho tiempo a una cita.

Este ejercicio lo que hace es que cambia el lente con el que vemos nuestra realidad. De un lente gris y opaco, que no me deja ver y me obliga a irme al pasado o futuro, a un lente claro, transparente y positivo. Entrena mi mente a escanear cada día lo bueno, en lugar de lo malo, porque tengo el compromiso de escribir algo nuevo. Con el tiempo esto se vuelve automático. Es un gran reto y tiene grandes resultados. ¡Disfrútalo!

Ya dijimos que el primer paso para poder ser felices es empezar por mi, el segundo paso es aprender a vivir en el presente y el tercero es estar muy consciente de cómo vemos las cosas.

Para este les compartiré 10 recomendaciones muy sencillas que puedes aplicar a partir de mañana:

1. ***La Felicidad es una Decisión Propia***. Tú decides si eres feliz. Hay cosas que pueden no gustarte, pero tú eres la única persona responsable de decidir si mantienes tu estado de felicidad o lo cambias.

2. ***Mantente Activo***. Aristóteles decía que la felicidad es actividad. Busca siempre el movimiento; las personas sedentarias se deprimen más fácilmente. Caminar un poco es un buen inicio.

3. ***Duerme***. El sueño repara el organismo. Date tu tiempo. Duerme y deja que tu cuerpo despierte descansado y reparado. Quítale tiempo a la televisión para dormir y no al revés.

4. ***Organízate***. Cuando tenemos muchas cosas pendientes, el cerebro entra en tensión. Maneja bien tu agenda y aprende a cerrar los temas inconclusos para que tu mente descanse. También el desorden físico genera stress. Ordena tu vida y serás más feliz.

5. ***Cuida lo que Consumes***. Así como comer comida chatarra en exceso nos trae problemas físicos, nuestra mente también puede entrar en estados emocionales negativos por lo que nos muestran algunos medios de comunicación. Hay que ser selectivos de lo que vemos, escuchamos y

leemos, pensando que el exceso de material negativo enfermará nuestra mente.

6. **Ama**. Aunque no te correspondan. Aunque tú des más que los demás. Amar es liberador. Libérate. Pero no ames en silencio. Di las cosas, grítalas a los cuatro vientos si es necesario. Ama a tu pareja, a tu familia, a tu mascota. A tu ciudad, a la naturaleza, al día y a la noche. Ama a la vida y lo que tienes, porque hasta lo malo está aquí para nosotros y nosotros seguimos aquí.

7. *Disfruta tu sexualidad*. Si es tu momento y la persona es la correcta, siéntete presente y disfruta. Expresa sin prejuicios lo que sientes. Comunícate de manera honesta. Vive presente en ese momento. Explora. Respira. Siente cada poro del cuerpo en este movimiento armónico del amor expresado en el plano físico.

8. *Medita/Haz Una Pausa*. Es común que las personas piensen que meditar es sentarnos en postura de loto y estar horas aclarando la mente. Eso déjenselo a los gurús de esta disciplina. El inicio es más fácil. Es estar a solas contigo. Respirar conscientemente. Aunque sea unos minutos. Yo lo he hecho hasta en el baño antes de entrar a dar clase. Como dice el poema Desiderata, "...y piensa en la paz que puedes encontrar en el silencio".

9. *Visita a la Madre Naturaleza*. Busca los árboles en medio del concreto. Las olas y la arena en medio de los hoteles. En la India, se considera que el 5to Chakra, Anahata, el del amor, de la compasión y la felicidad, se balancea en donde hay naturaleza verde, porque ese es su color. Puedes no creer en esto, pero también se han publicado estudios que relacionan las visitas a la naturaleza con estados de felicidad elevados.

10. Agradece. Las personas que son agradecidas de las cosas que suceden a su alrededor, por pequeñas que sean, tienen niveles de felicidad más altos. Cuando damos gracias por estar en el tráfico (quiere decir que tengo carro y un lugar a donde ir) o por tener deudas (quiere decir que tengo capacidad de crédito), entonces podemos mantener nuestro estado de felicidad mucho más tiempo.

"Si ver los cielos azules te llena de alegría,
si una brizna de césped
brotando en los campos tiene el poder de moverte,
si las cosas simples de la naturaleza tienen
un mensaje que entiendes,
entonces regocija porque tu alma está viva."

Eleonora Duse

Actriz de teatro italiana de finales del siglo XIX e inicio del siglo XX

Capítulo 6

El Zombi que No tenía Celular

Seamos sinceros con nosotros mismos. Escribo en vez de hablar. Manejo mientras "texteo". Felicito los cumpleaños con publicaciones en alguna red social. Comparto lo que me interesa y gusta a través de medios digitales, mucho más que en persona. Me reúno menos, pero siento que hablo más. Vivo dentro de una pantalla.

Se habla mucho de escribir textos mientras manejas. Usando una mano en el móvil y otra para conducir. Sigue pasando a pesar que está prohibido y es muy peligroso. Se habla mucho de los accidentes. Solo en Estados Unidos según estadísticas recientes, aproximadamente un 25% de los accidentes de tráfico fueron por escribir y enviar mensajes de texto mientras se conducía. Esto representa entre 1.3 y 1.6 millones de colisiones, dependiendo de la fuente que consultes.

Además, el solo quitar la vista de la calle por 5 segundos equivale a recorrer, sin ver, una distancia de un campo de futbol americano (100 yardas=91.44 metros). En hora pico de tráfico, ustedes calculen cuantos autos hay de por medio. Incluso lo más interesante es una estadística que dice que el 77% de los conductores jóvenes dicen que no hay problema, que es algo fácil de hacer. Es decir, de acuerdo a ellos, no es un problema.

Es peligroso y difícil de regular. Lo más preocupante es que poca gente está hablando del trasfondo del asunto. ¿Por qué tenemos la necesidad de enviar mensajes mientras conducimos? ¿Qué es tan urgente? ¿Importante? ¿Interesante? ¿Qué mensaje vale más que mi propia seguridad y la de los demás?

Realmente, nada apremia tanto y en las situaciones donde la atención de la persona es urgente, en casi todos los casos, suena el teléfono o vemos físicamente a la persona. Nada es más rápido que una llamada. Piénsalo, ¿Acaso enviamos un texto a las salas de emergencia de un hospital? Cuando lo requerimos, llegamos y exigimos atención.

Lo que está sucediendo es que nos mudamos al ciberespacio. Ahora vivo en mi pantalla. Mi dirección es mi teléfono. Recuerdo hace tiempo viajando por Europa, me tocó ver a un turista japonés que percibí muy intenso. Como queriendo cumplir con el estereotipo que nos muestran las películas. Colgadas de su cuello, dos cámaras. Una de video de 8mm (algunos de ustedes las recordarán) y otra de fotografía de esas anteriores de 35mm con película.

Durante el recorrido por el Museo del Prado, en Madrid, el simpático personaje de lentes amplios y cabello engomado, tomó video y fotos de todo. Cuando digo todo, me refiero a TODO. Obviamente los cuadros y esculturas, pero también las bancas, los pasillos, las ventanas, la cafetería y la tienda de regalos. Una persona en el tour comentó que lo vio en el baño grabando el lavabo y aunque no lo puedo corroborar, no lo dudo. Cada que veía algo interesante, además del video, cambiaba de cámara y tomaba una foto. Imagino que regresó con horas de material y cientos de fotos.

Recuerdo que yo traía una cámara, pero estaba tan maravillado con el museo y sus obras, respirando años de historia y tratando de saborear cada momento, que no la use ni una vez. Creo que tomé una foto al llegar al edificio, pero no la he vuelto a ver en años. No era lo importante.

Lo que reflexioné años después, cuando me di cuenta que no tuve ni una foto de la visita, es que no existía registro de haber estado allí. Me había tocado vivir una experiencia más real que el japonés. Sin afán de criticar a este interesante individuo, él vio el museo en su televisión cuando regresó a casa. Estuvo allí, pero jamás recordará estar parado frente a las increíbles obras de arte que allí se muestran, deslumbrado con la magia de los artistas. Observando cada detalle, sintiendo las pinceladas, respirando los colores, reflexionando sobre la vida misma a través del arte.

Él vio la obra de la misma manera que mucha gente que no ha ido la vio; a través de una pantalla y de una fotografía. Irónico. Incluso me pregunto si realmente se ha puesto de nuevo a observar todo ese material, que deben ser horas, o solo se lo mostró a familiares y amigos en alguna ocasión social.

Uno de los museos más importantes del mundo, visto a través de una pequeña pantalla de video. ¡estando allí!

Y lo vemos en muchos sucesos de nuestra vida. El festival de fin de cursos. Apagan la luz, salen los niños a escena y se levantan las pantallas de los teléfonos inteligentes. Horas grabadas, subidas a redes sociales y enviadas por algún tipo de mensajería. Estoy pero no estoy. Incluso cuando las personas asisten, por ejemplo al cine o teatro, no dejan de revisar constantemente sus mensajes. Incluso muchas veces deciden transmitir desde allí, como si fueran reporteros de algún medio de comunicación. Las obscuras salas se iluminan con pequeñas pantallas.

Esta reflexión me trae a nuestra época y a la frase "la tecnología acerca al que está lejos, pero aleja al que está cerca". ¿Por qué tengo que escribir tanto que hasta del volante me distraigo? Pero más importante, ¿por qué hemos dejado de vivir en el mundo y nos hemos mudado al ciberespacio?

He visto gente en el gimnasio más enganchada en el teléfono que en el ejercicio, cuando realmente debería ser una oportunidad para desconectarse de la rutina diaria de la vida. Observen parejas que no se hablan en la mesa del restaurante por estar subiendo fotos de su comida y respondiendo a los mensajes que parpadean la pantalla. Niños que requieren una tablet para poder estar sentados a la mesa o necesitan que se ponga la película en el carro para un traslado sencillo de una clase a la casa. Familias que en lugar de compartir un juego de mesa o una película, cada quien está con su dispositivo, compartiendo un espacio físico, pero sin conexión emocional.

Estamos viendo el mundo a través de pequeñas pantallas, cada vez más bonitas sin duda, pero no a través de nuestros sentidos. Los sentidos que están en nuestro cuerpo para experimentar. Ver a mi hijo por primera vez tocar la guitarra eléctrica en un concierto me puso los pelos de punta y tuve que contener las lágrimas. Pero no estaba concentrado en el teléfono o la tableta. Estaba allí presente viendo.

Y claro que en una oportunidad, grabé 30 o 40 segundos y lo compartí con algunos familiares y amigos. Me encanta la tecnología. Nos acerca. Pero no me perdí el evento y no dejé de experimentar ninguna sensación de ese mágico momento.

Al Zombi le gusta estar desconectado. Atento, pero distraído a la vez. Viviendo en un mundo de absurdos y falsos contenidos. Dejando pasar los minutos y las horas, por estar distraído en lo que se puede considerar una de las grandes drogas de nuestros tiempos.

Estoy de acuerdo que cuando el niño tiene que aprender sobre las pirámides de Egipto, hay que estar conectados. Google, en mi opinión, es el mejor índice de información del mundo, porque te lleva a donde está lo que necesitas saber. Creo que ni el famoso "Ricky Ricón" iría hasta el Nilo a hacer la tarea, usaría su computadora de oro o algo así. Pero hay tanto que nos rodea. Montañas, parques, ríos. Museos, estadios, centros comerciales, restaurantes. Pareja, hijos, familia, amigos, mascotas. Todos allí, todos disponibles para nosotros. En vivo y a todo color, con aroma, tacto, gusto. Llenos de sensaciones. Y sin embargo, estamos pero no estamos.

Si llegaste hasta aquí sin enviar o responder un texto, felicidades. Probablemente no y no pasa nada. No se puede cambiar radicalmente. No podemos salirnos tan fácilmente de este "matrix" en el que estamos viviendo. Toma tiempo y práctica. Pero podemos adoptar ciertas conductas que pueden acercarnos con nuestra parte humana y hacer que el Zombi empiece a sentir lo que el mundo exterior ofrece. Piénsalo. Te mereces más que ser controlado por un teléfono inteligente.

Habla con las personas que tienes cerca. Con todos. Desde quien te ayuda como un taxista o el guardia de tu edificio, hasta con tus seres queridos. Ve el paisaje, urbano o rural, bonito o feo, todo es parte de nuestra experiencia humana. Toca, prueba, experimenta, vive tu día conectado primero con el mundo a tu alrededor y usa la tecnología para los lugares en donde no puedas estar, no para los lugares donde estés. Usa la tecnología para sumar a tu experiencia y no para perderte de ella. La tecnología es un complemento, no un espejo de la realidad. Es una realidad falsa. Creada artificialmente por algoritmos informáticos.

5 Cosas que mi Zombi aprendió cuando no tuvo Teléfono Móvil

Entre octubre de 2012 y Febrero de 2013 estuve sin teléfono móvil. Aunque seguía en mi proceso de dejar de ser Zombi, todavía tenía algunos malos hábitos. Durante mi carrera profesional, trabajé para dos televisoras, así como agencias de publicidad y otros medios, así que obviamente el hábito de la conexión al teléfono era abrumador. Fue como dejar de fumar.

En esos meses no tuve ni teléfono inteligente, ni uno desechable de la tienda de conveniencia. Nada. Cero. Lo que empezó con un "a ver cuánto aguanto", "es un experimento" incluso en tono de juego, se convirtió en un reto personal muy interesante y enriquecedor. Tal y como hacer un experimento donde el conejillo de indias fui yo.

Todavía recuerdo cuando le decía a la gente que no traía teléfono. Tuve todo tipo de respuestas. Entre las más comunes, "¿qué pasa si tienes una emergencia?". Mi respuesta: "¿qué pasa cuando tenías una emergencia en 1985? Conseguías un teléfono" (ahora hay mas disponibles que en esa época).

Otra muy buena era, "¿qué pasa si tu familia tiene una emergencia?". Mi respuesta: "Ellos sí tienen celular y como no soy ajustador de aseguradora ni médico, no sería muy inteligente que me llamaran a mí". "Me encontrarán, probablemente con el problema ya resuelto".

Se volvió un poco como juego. ¿Y si te llama un cliente? ¿Y si se muere alguien? ¿Y si alguien te etiqueta en redes sociales?, siendo la mejor de todas, "¿en dónde vas a jugar a tal juego del teléfono?".

Debo aclarar que no estuve desconectado todo el tiempo. Tengo computadora y acceso a internet. Estuve conectado a mi correo y redes sociales en momentos y horarios que eran convenientes. Avisaba en dónde iba a estar, como hace años lo hacían los médicos. Por ejemplo, estaré en el deportivo, luego voy a una empresa a dar un curso y por la tarde regreso a casa. Mas o menos hubiese podido ser localizado por otros medios en caso de una verdadera emergencia.

Fue un despertar increíble. Una sensación de libertad que no sentía desde hacía muchos años. Estaba presente, poco presionado y con una constante sensación de paz.

Aquí les comparto los aprendizajes de un Zombi que caminó casi 5 meses sin teléfono móvil:

1. ***¡Fluir en la vida es lo máximo!*** Cuando no estás conectado todo el tiempo, no tienes acceso a nada más que lo que está frente a tus ojos. Así que empiezas a disfrutar el momento. A no tener preocupación por lo que esté pasando fuera de tu vida. Te sientes presente en cada momento, observando y fluyendo de una situación a otra. Incluso puedo agregar que mientras escribí esta parte del libro, estoy cumpliendo 20 días de haberme cambiado de casa y, entre que la zona está saturada y que la empresa telefónica tiene muy mal servicio, no tengo línea de teléfono. Lo que significa que no tengo wifi en casa. Mi conectividad está limitada a un deficiente 3G, y me ha encantado disfrutar mi casa. Regar el jardín. Ver las estrellas en la noche. Dormirme más temprano y levantarme con el día. Estar aquí. Total, para usar internet puedo ir a cualquier otra parte.

2. ***La privacidad genera complicidad y es ¡maravillosa!*** No necesito hacer "check-in", poner fotos de mi comida o compartir cada momento de mi vida con los compañeros de la prepa o la familia política que vive en otros estados. Si bien es muy enriquecedor compartir que estás en un lugar bonito o comiendo algo delicioso que recomiendas, tampoco es necesario hacerlo cada vez que pides algo de tomar o comer. Esta privacidad hace que lo que estés viviendo sea sólo de las personas que lo viven. En mi caso, las salidas a cenar con mi esposa, se volvieron momentos privados y sólo de dos, no de amigos, "likes", "shares" y "comments". Una foto porque nos vestimos formales y algunos comentarios no están mal. Pero el proceso de charlar, de volverte a mirar con ese agrado que tenías años antes y la tranquilidad de estar presente, generan momentos de intimidad pura. Hay momentos que suceden con nuestra pareja, a veces es con familiares, otras más cuando se reúnen

los amigos. Pero el no tener conexión con la red, te da conexión con ese momento presente.

3. ***El ejercicio es más productivo si estás desconectado.*** No tienes que revisar mensajes entre series de pesas. Tampoco tienes que terminar la relajación de la clase de yoga y ver quién te llamó. Si tienes el aparato, la curiosidad te llevará a la inquietud de revisarlo. Pero si no lo tienes, disfrutas mucho más y sentirás que tu rendimiento es mayor. Estarás disfrutando del momento. No es indispensable una "selfie" en ropa deportiva cada vez que vas al gimnasio o tomas una clase.

4. ***Las emergencias están en tu mente.*** El día que anuncié que no tenía teléfono móvil y después del shock inicial de muchas personas, la palabra emergencia salía en cada conversación. Yo no tuve ninguna. Algunos pesimistas dirán "tuvo suerte". Creo que más bien el hecho de confiar que no pasa nada y estar fluyendo, me ayudó a atraer cosas positivas. No estaba enganchado en la tensión del tráfico. Viendo malas noticias o escuchando conversaciones de inseguridad. Estaba fluyendo. Estaba viviendo.

5. ***Puedo tener teléfono y no usarlo.*** El mayor aprendizaje estuvo en entender que sí puedo tener teléfono, sin perder los beneficios de la des-conectividad. Lo tengo y lo uso cuando es necesario, pero lo puedo apagar a las 7:00pm y no encenderlo hasta el día siguiente a las 9:00am, sin importar lo que tenga que hacer. Puedo olvidarlo un día en casa y estar tranquilo que allí está y no pasa nada. Puedo dejarlo a un lado mientras como, voy al cine o estoy en mi casa con la familia. ¡Este es el mayor éxito de todos!

Mi recomendación no es que te quedes sin teléfono móvil. Sólo sugiero aprender a usar la tecnología de una forma que se puedan controlar los resultados, sin que la era digital nos controle a nosotros.

Vivir suficientemente conectado y apropiadamente desconectado es un reto. Cada quien encontrará su propia fórmula. Es un proceso de aprendizaje y ajustes constantes, pero que vale la pena en resultados.

"Mantener el cuerpo en buena salud es un deber....
de otra manera no podremos mantener
nuestra mente fuerte y clara."

Buda

Maestro y sabio, de cuyas enseñanzas

nace el Budismo

Capítulo 7

¡Zombi Power! – El Zombi tiene que mover el cuerpo

El 8 de julio de 2013 fue publicado por la prensa internacional, un reporte de la Organización para las Naciones Unidas (ONU) donde se declaraba a México la nación más obesa del mundo. Sentí escalofríos cuando leía la noticia en un medio local. En los últimos años, como país, nos hemos movido en la clasificación dependiendo de las especificaciones de la medición y quien hace el estudio. Lo que es real es observar a personas en la calle con niveles altos de obesidad. Incluso niños y jóvenes.

Según información que me comentó una nutrióloga, casi 70% de los adultos padecen de sobrepeso y obesidad contra 10% en 1989. ¿Qué pasó? ¿Nos comimos acaso todas las tortillas de harina que había en los supermercados? Para nada. Tiene que ver con los hábitos y la mente Zombi. Pero hay una estadística incluso más compleja.

De acuerdo a expertos, aproximadamente un 80% de los niños con problemas de sobrepeso y obesidad, permanecerán así toda su vida adulta. ¡Toda su vida! ¿Cómo? Es casi una sentencia de muerte.

Estamos programando niños para la obesidad. Los convertimos en Zombis desde muy jóvenes. Comida rápida y chatarra, consumo desmedido de refrescos, sumados a campañas millonarias de publicidad que promueven este tipo de alimentación, están creando una generación de mexicanos donde la obesidad será normal. No estoy escribiendo este capítulo para crear polémica con la industria de alimentos y la de salud del país y el mundo. Solo quiero crear consciencia en tu persona para que puedas mejorar tu salud y disfrutar más de la vida.

Si quieres comer en la calle, es casi imposible comer sano. Pero en las casas también se está viviendo este culto a lo rápido y químico, lo calórico desmedido juntado con la sensación de placer que genera.

El otro día, caminando por un supermercado observé a una señora con mucho sobrepeso, con dificultad para respirar mientras recorría los pasillos. En algún momento observé su carrito. Pan blanco, cereales azucarados, embutidos, refrescos de cola, jugos de fruta en lata y una enorme caja de galletas. No lo estoy inventando y no quiero juzgar. Pero fue muy real darme cuenta de la relación entre los productos que consumimos y nuestro cuerpo.

Empecé a recorrer el supermercado con detenimiento y pude observar dos cosas. Parece existir más opciones de alimentos calóricos que saludables, por mucho. Son más baratos que los alimentos más sanos. No me estoy subiendo en un pedestal, quiero aclarar: yo también como galletas y tomo refresco; de vez en cuando, no como hábito. Y hago ejercicio, y a veces no tanto. Siempre busco buena calidad en todo lo que mi cuerpo ingiere, pero no siempre la consigo. Es un ir y venir. Lo importante es ir haciendo consciencia.

Lo más preocupante es que nuestro sistema de salud pública es muy deficiente y no está listo para recibir a las nuevas generaciones de obesos. La falta de recursos y la calidad casi siempre deficiente de la salud pública por falta de presupuesto, llevará a mucho más muertes por enfermedades relacionadas a la obesidad, como diabetes e hipertensión.

¿A dónde nos llevará esto? Más infartos, diabetes de adulto e infantil, afecciones cardíacas en personas más jóvenes. Y toda esta gente enferma del cuerpo, ¿Qué le va a aportar al país? Mente sana en cuerpo sano. Cuerpo enfermo, mente enferma. Que puedo crear si casi no puedo caminar. Ahora el Zombi camina lento, con dificultad para respirar y su mente está distraída.

Solo nos fue regalado un cuerpo, por un número limitado y desconocido de años. Este cuerpo a veces funciona bien, otras no tanto. Pero es el que tenemos y es nuestro compromiso cuidarlo no sólo para que dure, sino para que el tiempo que ande por el mundo funcione de manera eficiente.

Hay tantas cosas maravillosas en el mundo y tenemos tan poco tiempo para disfrutarlas, que si no lo cuidamos, llegará un punto en que la mente querrá más y el cuerpo dirá "ya no puedo". Un gran problema que tenemos que entender es que hemos cedido el control a los fabricantes de alimentos y medicinas, que si bien tienen cosas buenas que aportar, no deben controlar lo que sucede dentro de mi cuerpo.

No digo que todos los fabricantes de alimentos estén mal y que los médicos sean malos. Por el contrario, hay muchas cosas buenas. Pero el modelo de negocio no es de prevención, es de tratamiento. Es un tema de cultura.

Desafortunadamente el ceder todo el control significa que alguien más decide por mí. Y la gran mayoría de las veces quien decide por mí no está pensando en mi salud sino en llevar dinero a su bolsa. Muchas veces, incluso atentando en contra de mi propia naturaleza.

Así que estamos llenos de grasas saturadas, aceites parcialmente hidrogenados, jarabe de maíz de alta fructuosa, colorantes, conservadores, pesticidas, mercurio, uso desmedido de antibióticos y productos con sustancias que pueden influir el desarrollo de enfermedades como el cáncer. Es un debate complejo entre industria y consumidores, pero estamos inmersos en este mundo.

También estamos llenos de medicinas, muchas veces tomándolas de manera "auto-recetada" para enmascarar síntomas emocionales que no hemos podido sanar. Si bien la medicina recetada correctamente cura la enfermedad, la emoción atendida es la que sana el alma. Es algo que seguimos sin entender.

Nos auto-medicamos con medicamentos y suplementos herbolarios, sin el conocimiento claro de sus efectos, contraindicaciones, e interacciones. Poco control y mucha desinformación son ingredientes de una fórmula que puede resultar fatal.

Hipócrates tenía razón, "Usaré las reglas dietéticas en provecho de los enfermos", "Que tu alimento sea tu medicina y tu medicina tu alimento".

Si realmente quiero un cuerpo sano, mi alimentación es el primer paso. Quiero aclarar que por cuerpo sano no hablo de modelos de revista. No hablo de mujeres más delgadas que un esqueleto y hombres con tantos músculos que no se pueden mover bien. Esas son elecciones de algunas personas y las respeto, pero para la mayoría de nosotros hablo de balance. Creo que es la palabra más importante en los seres humanos.

Balance quiere decir: distribuir las cargas para lograr un equilibrio, permitiendo que algo se mantenga erguido y estable. El balance en la vida tiene que ver con lo bueno y lo malo. La luz y la obscuridad. El día y la noche. La movilidad y reposo. Incluso con comida sana y placeres culposos. Con poder mantener mi cuerpo funcionado óptimamente para estar firme y estable.

El balance es lo que nos lleva a equilibrar todo lo que hacemos y es importante saber que si algún día se desequilibra un poco, podemos regresar. No digo que no te comas un chocolate, insisto. El problema es hacerlo diario, basar mi alimentación en eso, enseñar a los niños que es el único premio importante. El balance es mantenerte equilibrado para no caer.

No confundamos salud con dietas milagro y planes para bajar de peso porque tengo un evento importante. Baja 5 kilos en 3 días. Sigue la dieta tal o el método de alguien que te recomendaron. "Toma estas pastillas, come esta dieta baja en carbohidratos y te quedará el vestido para la fiesta". Sin duda lo has escuchado. Esto no es balance, es todo lo contrario: es violentar el cuerpo. Pero cuando hablamos de alimentación inmediatamente pensamos en hacer "dieta" para bajar de peso.

De lo que estoy hablando es de un cambio profundo que modifique la forma en que cuido a mi cuerpo y que me provea de años de mucha salud. Un cambio de hábitos y rituales diarios, donde quiero buscar cosas buenas para mi cuerpo.

Hay muchos enfoques para esto, y la verdad yo no soy nutriólogo o especialista en alimentación. Pero sí soy alguien que ha vivido el proceso de mejorar y tengo resultados claros que detonaron otras cosas en mí y que me han traído hasta aquí.

Insisto que no soy un profesional de la nutrición y siempre debemos buscar a los verdaderos expertos para asesorarnos. Yo solo puedo exponer algunas cosas que he aprendido y me han funcionado a mí y a otros que me han compartido sus experiencias.

Todo tiene que ver con hacer pequeños cambios que se conviertan en hábitos físicos y mentales que se irán incorporando a nuestra vida diaria.

Les comparto algunas conclusiones sobre el cuerpo físico:

1. Lo primero que debemos hacer es amarnos. Ama tu cuerpo. Como esté. Es el que tenemos y no podemos pedir uno nuevo. Solo partir de que me amo como soy. Soy perfección en este momento de mi vida. Soy irrepetible.

2. Deja de comer con culpa. La culpa no quita calorías. Lo único que hace es que tu experiencia sea miserable. Si vas a comer algo que no consideras sano pero te gusta, disfrútalo. Siente como el tenedor entra en la rebanada de pastel de chocolate y tu boca se llena de saliva esperando el sabor. Está bien. Mañana sigues. Es un proceso constante.

3. La comida más procesada es peor. Regresa a incluir lo básico, como las frutas y verduras, en tu día. Los pasteles son ricos. Pero muchas veces la necesidad de azúcar puede ser sustituida con fructosa de algo más natural.

4. Desayuna. Sé que está de moda el ayuno intermitente, pero yo te comparto lo que me ha funcionado. Si lo vas a hacer, busca ayuda profesional del tema. En mi experiencia si no desayunas, el cuerpo falla en muchas maneras. Algo tan sencillo como comer sano en la mañana, trae efectos positivos durante el día y de gran beneficio en el mediano y largo plazo. Incluso en temas de ayuno intermitente, se debe en algún momento romper el ayuno y es importante lo que estás dando a tu cuerpo en ese momento.

5. De acuerdo a diversos estudios, con el tiempo el cuerpo se acidifica, se inflama y se oxida. Busca alimentos que alcalinicen, des-inflamen y des-oxiden. Existe mucha información y algo de controversia sobre del tema, pero es realmente muy fácil y barato encontrar alimentos que ayuden con estos procesos. No caigas en remedios milagro, busca buena comida y siempre asesórate antes.

6. Come menos cantidad más veces al día. A mí me funciona 5 veces. Hay teorías que dicen que 1 o 2 es suficiente. Las pequeñas comidas como las manzanas, me ayudan a mantener el buen funcionamiento de mi metabolismo y a tener menos hambre cuando llego a cada comida. Dependiendo de tu actividad física, busca la cantidad adecuada de comida.

7. Baja, o elimina si puedes, las azúcares refinadas y las harinas blancas, idealmente todas las harinas. De lo más difícil que he tenido que enfrentar y reconozco que al escribir esto es algo que no he podido al 100. Pero el bajar la ingesta trae grandes beneficios y descubres cosas como la miel de abeja natural o la de agave. Incluso nuestro mexicano piloncillo, como alternativa para endulzar. Tomar agua de jamaica sin endulzar al inicio resulta raro, pero conforme pasan los días, el sabor de la hoja se hace presente y es verdaderamente delicioso. Hay que darle la oportunidad.

8. Cuida tu consumo de lácteos. Este es otro tema controversial. Cada vez más, existen estudios que dicen que el exceso de lácteos tiene un efecto altamente inflamatorio en el cuerpo. Entiendo que son ricos y están en muchas recetas, pero sólo el bajar a la mitad de lo que habitualmente consumimos, trae beneficios rápidos y tangibles.

9. Consulta un especialista. Las sugerencias te llevan a recorrer solo una parte del camino. Cada organismo es diferente. Busca alguien que pueda evaluar tu cuerpo, tus hábitos y metas, y pueda personalizar un plan para ti. No se trata sólo de bajar calorías, se trata de replantear mi alimentación. Si la persona que encuentras no es para ti, busca otra. Hasta que sientas que hay alguien que realmente te puede ayudar.

Les reitero, no soy el experto en alimentación, pero lo que sí sé es que debemos alejarnos de las dietas mágicas y los productos milagro, escuchar a nuestro cuerpo, ser mas conscientes de lo que comemos, buscar información y pedir ayuda profesional.

Otra cosa importante para el cuerpo es la actividad física. Cuando hablo de mantenerse activo, muchas personas piensan en el gimnasio. Horas interminables de bandas caminadoras y esfuerzos de pesas. No es necesario llegar a tanto para estar activo. No sientas presión del entrenador musculoso que quiere ponerte a hacer cuanto aparato hay disponible. Esto no está mal si es lo que buscas, pero si sólo quieres mejorar tu actividad física, hay otra forma de ver las cosas. Te platico algo.

Insisto, me gusta observar la conducta de las personas. Un día llegué de nuevo al supermercado, me tocó ver una camioneta tipo mini-van, mal estacionada cerca de la entrada, esperando un lugar casi en la puerta. Más allá del poco civismo de la señora que estaba estorbando el paso sin consideración alguna de los demás, pude observar que era una persona con un poco de sobrepeso. Esta mujer venía con sus hijos adolescentes, también mostrando un poco de sobrepeso.

Si esta persona, en lugar de estar buscando el lugar más cercano a la puerta, se hubiera dirigido al otro lado del estacionamiento, al menos hubiera caminado un poco. No es la solución total para bajar de peso, pero es un inicio un cambio de mentalidad. El que es sedentario quiere cada vez moverse menos, pero el que es activo cada vez busca más.

Mi curiosidad fue más grande, lo acepto, y adentro del supermercado, decidí buscar a esta familia para ver qué llevaban en su carrito. Quiero aclararles que siempre he estado fascinado del por qué los consumidores tomamos decisiones y tengo ya un hábito natural, casi de investigador, de observar personas en situaciones de compra.

Tal y como la anterior mujer que mencioné, cuando me acerco a esta familia, es obvio decir que el carrito estaba repleto de refrescos, cereales azucarados, galletas, tortillas de harina y helado. No estoy en contra de nada de esto. Adoro el helado, es de mis debilidades, pero no lo consumo en esas cantidades ni con esa frecuencia.

Es balance lo que estamos buscando. Lo más triste es que para esta familia es su forma de vida y no saben el daño porque nadie con credibilidad y con paciencia se los ha explicado de manera que puedan hacerlo consciente.

Mantenerse activo es precisamente buscar esos pequeños cambios de rutina que poco a poco me lleven a una vida de mayor movimiento físico. Disfruta moverte. Date cuenta que caminar no es un martirio sino una oportunidad de ver cosas diferentes mientras oxigenas tu cuerpo. Es un regalo que me dan mis piernas.

A partir de hoy te invito a que veas el ejercicio como la forma de mantenerte en movimiento para que tu cuerpo funcione mejor. Con el ejercicio llega más oxigeno a la sangre. Nuestra función digestiva es más eficiente. Las endorfinas me generan estados de felicidad al liberarse en el cerebro. Por donde lo veas funciona.

¿Necesito ir al gimnasio y pagar para lograrlo? No. De hecho si estás iniciando no te recomiendo el gimnasio los primeros días. Al menos no te recomiendo la forma en que funcionan los gimnasios. Me ha tocado ver a mucha gente que llega al gimnasio el primer día, tenis nuevos y ropa deportiva recién estrenada, como si compraran el kit de hacer ejercicio para principiantes.

El problema es que se sobrepasan. Y acaban con tanto dolor que no regresan el día siguiente. Ni la semana siguiente, ni el mes siguiente.

Terminan diciendo "el ejercicio no es para mí", cuando realmente lo que no era para ellos era esa situación en lo particular. Si tardaste meses o años en llegar a donde estás, no esperes resultados en días o semanas, eso no funciona así.

Los instructores de los gimnasios, en su mayoría, no ayudan. No por malos, pero porque muchos no tienen la preparación para atender zombis. Gente que no es de alto rendimiento ni busca grandes músculos. Hay unos muy buenos, pero son contados.

El promedio te exige mucho, te ofrecen venderte un plan adicional y no se preocupan por ver qué es lo que necesitas. El gimnasio es para los que traen un poco de inercia. De nuevo, no todos los instructores son malos y hay gente muy buena, lo difícil es dar con ellos. Si encuentras alguien, vale la pena pagar un plan personal.

Pero si quieres empezar y sientes que no sabes por dónde, camina. Camina en el estacionamiento, camina en el parque, camina en el centro comercial. Camina, camina y camina. Haz estiramientos simples en casa y empieza a percibir cómo la actividad física te hace sentir mejor.

Mantén el ritmo un mes y después de eso, yoga, pilates, gimnasio, natación, correr o seguir caminando. Lo que te haga sentir bien. Una recomendación que te ayudará a no rendirte es que busques un compañero o compañera. Una excelente excusa para socializar y que te ayudará a tener mayor compromiso.

Los pies son la base de nuestro cuerpo. Ponles atención e invierte en un buen par de tenis. Que sea adecuado para ti. De esto depende que tus rodillas y espalda tengan menos desgaste. Asesórate con alguien que sabe. Los tenis rosas de diseñador son bonitos y cómodos para ir al cine, pero no protegerán tus pies.

Escucha a tu cuerpo. Si algo te duele, para y busca atención profesional. Fuera de eso, ¡disfruta el movimiento! Y nunca dejes de prestar atención a lo que tu cuerpo dice.

Otra conclusión a la que he llegado es que la salud tiene 5 pilares. Cinco bases sólidas y como cualquier edificio, si una falla, la estructura se debilita y las otras 4 están en peligro de caer. Estos pilares son: alimentación, ejercicio, hidratación, sueño y respiración.

Ya hablamos de alimentación y ejercicio, pero los otros tres se nos olvidan y creemos que el cuerpo físico sólo necesita comer bien y ejercitarse para estar sano. Pero es como si trato de detener un techo que requiere 5 columnas con solo 2. ¿Te pararías bajo ese techo? O imagina un camión de 5 ejes, pero que va circulando solo con 2. ¿Qué tan seguro te sentirías de acercarte? Los pilares de la salud funcionan igual.

El sueño es otro pilar muy importante. En esta vida, tenemos cada vez más opciones de cosas que queremos hacer y compromisos que hemos contraído, pero el día sigue teniendo las mismas horas. Como no quiero o puedo robar tiempo al trabajo, normalmente lo que hago es robarle tiempo al sueño. Así que tenemos toda una generación de personas durmiendo por debajo de lo que su cuerpo necesita. Esto te vuelve más zombi.

No estoy hablando de ocasionalmente dormir poco por trabajo, fiesta o incluso alguna preocupación. Estoy hablando de las personas que de forma absurda le roban tiempo a sus horas de sueño para ver más televisión por la noche. Que se llenan de tanto compromiso en la semana que están durmiendo 4 o 5 horas por noche. Qué deambulan por la casa como zombies y terminan durmiendo poco, pero a cambio de nada.

¿Qué le pasa a mi organismo cuando no duermo bien? Pasan un montón de cosas. Incluso hay estudios que ligan la carencia de sueño con desórdenes neurológicos, como la ansiedad, la depresión y hasta la bipolaridad.

Pero lo más importante que debemos considerar es que dormir es regenerar. Imagina un auto, al cual le pones gasolina de la correcta (alimento) y lo manejas con cuidado y entusiasmo (ejercicio), pero no lo detienes. Le metes kilómetro tras kilómetro, sin dejar que el motor se enfríe, que se hagan los cambios de aceite y afinaciones. Sigues y sigues, ignorando los focos que se encienden del tablero, hasta que el carro falla. El motor se avería y las reparaciones son costosas y puede ser que no vuelva a quedar como estaba.

El cuerpo funciona igual, pero es una máquina mucho más compleja que un automóvil y sus procesos funcionan a través de reacciones químicas y energéticas imperceptibles para nosotros, pero muy importantes.

El sueño es reparador. El organismo corrige problemas, desgastes y se prepara para un nuevo día. No voy a detallar esto, pero les aseguro que si no dormimos, el cuerpo no tiene oportunidad de regenerarse. Lo más crítico es que genera reacciones en cadena. Lo que se quedó pendiente sigue pendiente y la suma de los "pendientes" del cuerpo nos traen muchas enfermedades. Así de simple y así de importante.

El cuarto pilar es la hidratación. Hay una fórmula que dice que multipliques tu peso por 0.033 para calcular la cantidad diaria de agua que necesitas. Es decir, si pesas 70 kilos requieres aproximadamente 2.3 litros de agua natural por día. Una de las cosas que me quedan más que claras con esta fórmula, es que no estamos consumiendo el agua que necesitamos, por lo que nuestro cuerpo se está deshidratando.

Esto no incluye refrescos, que es uno de los grandes problemas. Yo vivo en Monterrey, la ciudad que se dice consume más refrescos de cola por habitante en el mundo. Debo confesar que uno de los hábitos más difíciles de romper ha sido dejar el refresco de cola de dieta. Poco a poco lo dejé de comprar, lo dejé de consumir en casa y estoy en una etapa en la que lo hago de vez en vez de manera social. Pero siempre considerando que he tomado suficiente agua.

El agua, como lo dice la publicidad, es vida. Es muy importante tomar agua suficiente para ayudar a nuestro cuerpo a mantenerse hidratado. Además el agua eleva nuestra energía, ayuda a eliminar grasas y toxinas, mejora tu piel, mantiene regulares tus procesos digestivos y ahorras dinero sobre productos embotellados.

El último pilar es la respiración. Es el pilar central y el más importante. Podemos estar un día sin agua (no recomendable) y muchos días sin comer. Pero prueba no respirar. El oxígeno que llega a través de la respiración es la base de mi vida.

Vamos a ser conscientes de nuestra respiración con un pequeño ejercicio. (Lee el ejercicio primero para que puedas cerrar los ojos y hacerlo, grábalo con tu propia voz o bien busca al final del libro las guías para encontrar en internet los audios ya grabados)

Ejercicio de Respiración

• Siéntate cómodamente con la espalda recta
• Cierra tus ojos y empieza a respirar de manera consciente, sintiendo como entra y sale el aire de tu cuerpo
• Ahora inhala profundo por la nariz y exhala con un suspiro por la boca, sacando el aire e imaginando que estás eliminando todo lo negativo que traigas contigo en ese momento. Repite esto tres veces.
• Ahora inhala y exhala por la nariz solamente

• Sé consciente de tu respiración.
• Trata de que tu inhalación y exhalación duren lo mismo. Por ejemplo 4 segundos.
• Cuando inhales piensa en qué cosas buenas están llegando a tu vida.
• Cuando exhales elimina aspectos negativos.
• Inhala paz, exhala intranquilidad.
• Inhala felicidad, exhala tristeza
• Inhala éxito, exhala fracaso
• Inhala salud, exhala enfermedad
• Inhala abundancia, exhala carencia
• Inhala paz y exhala paz a todo lo que te rodea
• Abre tus ojos y mantén ese ritmo tranquilo de respiración.
• Disfruta tu respiración.

Cuando respiramos no solo llevamos oxígeno a nuestro cuerpo. Cuando respiramos inhalamos la energía del universo. Esta energía es nuestra conexión con todo lo que nos rodea, visible e invisible. Si inhalo conscientemente y siento esta energía de manera positiva, mi vida mejorará mucho.

En una nota personal, no quise tocar el tema del cigarro en el libro. Yo fumé durante mi adolescencia tardía y siendo adulto joven, por espacio de unos 3 años. Entiendo a los fumadores. Pero es mi opinión que el cigarro es de los productos más dañinos para el hombre y el medio ambiente. Conozco gente muy exitosa en pruebas atléticas que fuman. Otra vez, los respeto, pero no comparto el hábito.

Sólo como información, el cigarro, además de nicotina produce armonía (como la de los limpiadores), carbón y arsénico (el veneno), por mencionar algunas sustancias que estamos ingiriendo. ¿Y después de fumar? Tiro la colilla donde sea, total es una colilla. Las colillas contaminan miles de litros de agua y de tierra fértil todos los años. Quien te diga lo contrario está mintiendo.

También, los que te digan que su abuelo fumó no sé cuántas cajetillas hasta los 90 años y fue muy feliz, están usando de excusa un caso atípico para sentirse que puede fumar. Es como decir que tu abuelo se sacó la lotería y por lo tanto tú y muchos otros también. El cigarro causa cáncer, enfisema y enferma el cuerpo. Mi sugerencia: despídete de él en cuanto puedas y busca la ayuda necesaria para hacerlo. Es posible.

Elimina al cigarro. Modera el alcohol y las comidas no tan sanas. Mueve tu cuerpo. Respira. Es tu Vida. Vívela en plenitud.

"Todo parece imposible hasta que se hace."

Nelson Mandela
Activista sudafricano que actuó contra el apartheid
y fue presidente de 1994 a 1999
después de haber estado encarcelado 27 años

Capítulo 8

Filosofía Zombi: Conciencia y Espíritu

Cuando empecé a descubrir el poder de la mente, quedé maravillado del potencial que tenemos y de lo que puede hacer o lo que puede bloquear. Puede escucharse como magia o brujería, pero si se tiene paciencia, se obtienen cosas muy interesantes.

Mi cerebro controla los movimientos de mi cuerpo. Los voluntarios como caminar y los involuntarios como respirar. Es la responsable de que pueda interactuar con el mundo físico.

Lo más importante a recordar es que mi cerebro es el que está en este momento haciendo las funciones para que puedas leer el libro. Es un órgano maravilloso. Puede crecer y expandir su capacidad, pero también puede atrofiarse si no lo uso. Y como cualquier otra parte de mi cuerpo, muchas veces el cambio duele, incomoda o desubica.

Existe un debate médico y filosófico que busca encontrar si el cerebro y la mente es lo mismo. Si cohabitan o si uno facilita al otro. Yo te comparto el resultado de haber creado mi propia teoría después de leer mucho sobre el tema. Espero que mi enfoque personal te ayude a entender el concepto.

El cerebro es como una computadora y la mente es como el internet. Si yo uso el cerebro, estoy entrando a un mundo enorme, con gran potencial pero poco comprendido.

La mente, donde quiera que esté, es quien alberga mi conciencia. El vasto conocimiento sobre mí mismo y mi relación con el entorno. La voz que me ayuda a estar presente. Aquí, ahora. Viviendo.

Mi mente es tan poderosa, que puede inventar cosas y ayudarnos a sentirlas, vivirlas y materializarlas. Todo lo que existe, alguien lo pensó primero.

Te pongo un ejemplo. (Te sigo recomendando, lee primero el texto y luego haz lo que dice o busca las grabaciones)

Ejercicio del Limón

- Cierra tus ojos y ponte en una posición cómoda.
- Respira inhalando y exhalando.
- Ahora imagina que partes un limón por la mitad.
- Lentamente lo llevas a tu boca, lo hueles.
- Lo pones entre tus labios y saboreas su jugo.
- ¿Salivaste? ¿Sentiste el sabor cítrico, ácido?
- Ahora abre tus ojos. ¿Dónde está el limón?

Así de fuerte es tu mente. Recuerdo la película futurista Matrix donde los seres humanos conectan sus cerebros para entrar en un mundo virtual creado por máquinas malvadas que controlan el mundo.

En una escena, Morfeo, interpretado por Samuel L. Jackson y Neo, interpretado por Keanu Reeves, están dentro de un simulador que proyecta la realidad de manera virtual. Morfeo le trata de enseñar al joven Neo, el elegido, cómo brincar de un edificio a otro. La pregunta de Neo, "¿por qué te mueres dentro del matrix si te caes de un edificio, siendo que el mundo es virtual?". "Porque tu mente lo hace real". Tu mente lo hace real, es una frase poderosa y que a veces tomamos los humanos a la ligera.

Este es el verdadero poder de la mente. Lo que pongo en ella es lo que se manifiesta. Tus pensamientos moldean tu conducta y tu conducta influye en tu realidad. Tus emociones te guían por diversos caminos. Es tan simple que pareciera que no tengo que leer un libro para saberlo.

Si pienso en carencia, tendré carencia. Si pienso en abundancia, tendré abundancia. Es la misma cantidad de esfuerzo eléctrico del cerebro, pero una gran diferencia cuando pasa en la mente. Es lo que se conoce como ley de la atracción y que muchos hemos tenido dificultad de entender.

¿Cuántas veces alguien que toma muchos medicamentos preventivos vive más enfermo que alguien que no lo hace? Pensar en enfermedad, incluso en limitarla, solo atrae más enfermedad. La ausencia de enfermedad no es salud. La salud es la salud.

Ahora vamos a analizar los pensamientos positivos y su influencia con mi felicidad. Como les dije en el capítulo de la felicidad, ver las cosas de manera positiva, manteniéndome en el presente me ayuda a elevar mis niveles de felicidad.

Así que lo primero que tengo que hacer es mantener una óptica positiva en mi día a día. Ya hicimos el ejercicio de las Tres Gratitudes. Ahora vamos a probar algo:

Piensa en 3 cosas difíciles que hayan pasado en tu vida recientemente y que siguen merodeando por tu mente, haciéndote sentir con enojo, tristeza, frustración, impotencia o cualquier emoción que pudiera percibirse como negativa.

¿Qué sentiste? ¿Qué fue lo difícil de estos momentos?

Ahora describe brevemente las 3 situaciones

1. _____

_____

_____

2. _____

_____

_____

3. _____

_____

_____

¡Excelente! Gracias por atreverte a escribir. Muchas veces es difícil llegar hasta aquí. Aceptar una serie de situaciones incómodas en mi vida.

Ahora vamos a reflexionar sobre esas circunstancias. ¿Por qué pasaron? ¿Qué aprendimos de ellas? ¿Qué enseñanzas nos trajeron para enfrentar el futuro?

De estas hay muchas en la vida. Si no me hubieran corrido del trabajo, tal vez no estaría escribiendo este libro ni compartiendo con tanta gente en mis conferencias los aprendizajes. No estaría cumpliendo mi misión de vida. Al final todo es un regalo, sólo que es difícil verlo en un inicio.

Lo que estamos haciendo en este momento es cambiar nuestra programación. Desde chicos nos enseñaron que fracasar es malo. Si cometo un error en la escuela, recibo un castigo o una mala calificación. Un error en el trabajo, me despiden. Incluso el concepto del pecado, sin querer ofender, nos enseña qué el error lleva una penitencia o un castigo. Así fuimos programados.

Pero los fracasos están llenos de aprendizajes. Si entendemos esto, crecemos como personas. Y si tomamos un camino sencillo podemos cambiar nuestro enfoque de las cosas malas. ¿Qué salió mal? Lo identifico y corrijo. ¿Porqué salió mal? Lo analizo y prevengo que vuela a pasar. Así de fácil.

Les pongo un ejemplo de este enfoque. Es una fábula que se llama El Pájaro Canadiense y tengo que agradecer a mi padre por compartirme esta historia que, además, el la contó siempre de manera muy amena. La trataré de resumir y aplicar.

El Pájaro Canadiense debía volar a México porque llegaba el invierno. Este desidioso pájaro decide esperar. Su amigos le decían, vente, vayámonos juntos y el decía siempre: "Después".

Llega el invierno y es demasiado tarde. De la noche a la mañana cae una fuerte tormenta que cubre de nieve a este personaje que estaba parado en el piso buscando alimento.

Sentado allí y desesperado por su situación, pensando que iba a morir, el Pájaro Canadiense ve llegar a una vaca, se para con sus patas traseras a ambos lados de su cabeza y deja soltar una enorme defecación sobre él. Es decir, lo llena de mierda.

El pájaro enojado piensa: "Encima de morir congelado también tengo que aguantar el olor a caca de vaca, qué mala suerte!" Sin embargo el excremento empieza a derretir la nieve y el Pájaro Canadiense empieza a sentir calor. "Me voy a salvar", piensa. Empieza a silbar y cantar de emoción.

En eso llega una zorra buscando comida, la cual está muy escasa por el invierno. El pájaro piensa: "No pasa nada, estoy lleno de caca, no me va a comer". Pero la zorra, muerta de hambre y escasa de opciones, le quita el excremento al pajarito y se lo come."

La fábula tiene 4 moralejas:

1. Si tienes que hacer algo, hazlo, no te esperes al final porque puede ser demasiado tarde.
2. No todo el que te llena de mierda es para perjudicarte.
3. No todo el que te quita la mierda es para beneficiarte.
4. Y si estás de excremento hasta el cuello, "¡no te pongas a cantar!".

Voy a usar la segunda moraleja como ejemplo. El pájaro creía que el excremento de la vaca lo estaba perjudicando, pero realmente le trajo un beneficio importante. De no ser por la zorra, esto lo hubiera salvado.

Así nos sentimos las personas con los problemas y las situaciones negativas en nuestra vida. Como si alguien nos hubiese tapado de mierda. Pero hay que analizar por qué nos pasó y qué beneficios tiene. Todas las situaciones en la vida tienen un aprendizaje.

Siguiendo con el ejercicio, analiza bien las 3 situaciones que escribiste. ¿Por qué crees que sucedieron? ¿Qué aprendiste? Les pongo un ejemplo:

Situación:
A cierta persona le presté dinero y ahora dice que no es cierto, que no me debe.

Análisis:
Debo tener cuidado con esa persona y en general no debo prestar dinero sin ningún mecanismo legal que me ampare. Voy a tener más cuidado con temas financieros y legales en mi vida. Especialmente si es gente cercana donde pueda perder amistad.

Ahora escribe el aprendizaje de las situaciones que describiste anteriormente. 3 Grandes aprendizajes en esas situaciones.

1. _____
   _____
   _____

2. _____
   _____
   _____

3. _____
   _____
   _____

Aprender que el fracaso es una oportunidad que nos da la vida para crecer, es uno de los aspectos más importantes para que mi mente funcione de manera más positiva, incluso en situaciones adversas.

Pero mi mente es obstinada. Quiere regresar a lo que es cómodo, lo que le es familiar. Es una actividad de todos los días, como bañarse cada día, cada vez que sudo, cada vez que me quiero sentir mejor.

Una cosa importante que me ayudará mucho es a entender la diferencia entre juicios y afirmaciones. Te pongo un ejemplo. Piensa en 2 cosas muy tangibles en este momento.

Tu estatura y tu peso (pueden ser estimados). Escribe tus respuestas:
1. Estatura:_____
2. Peso:_____

Lo que acabas de poner es una afirmación. Es algo que puedes comprobar que es real y no es cuestionable (a menos que hayas mentido en el peso). El peso se puede cuantificar con una báscula y la estatura con una cinta métrica.

Ahora escribe, basado en estos dos factores, la respuesta a las siguientes 2 preguntas:

1. ¿Eres alto(a) o bajo(a)?_____
2. ¿Eres gordo(a) o flaco(a)?_____

No importa qué respondiste porque tus respuestas son juicios. Es decir, son percepciones basadas en tus creencias, valores y experiencia. Tal vez pusiste que mides 1.75 mts. y eres alta, pero al lado de una mujer saltadora olímpica de garrocha que mide 1.90 mts., no tanto. Tal vez pusiste que pesas 80 kilos y que estás flaco, pero a un lado de un hombre de tu misma estatura que pese 70 kilos, tal vez no tanto. Son percepciones llamadas juicios.

El problema es que usamos más los juicios que las afirmaciones. Vemos alguien mal vestido y asumimos que es pobre o que es un delincuente, cuando tal vez para esa persona la moda no es tan importante. Asumimos que si alguien trae un carro último modelo de gran lujo, debe ser rico, cuando tal vez es prestado, arrendado o incluso robado.

La apariencia física guía muchas de nuestras decisiones y el enfoque de la mayoría de nuestras relaciones. Nos hemos esforzado como sociedad para comprar un montón de cosas que no necesitamos, para impresionar a personas que ni nos interesan, porque nuestras mentes evalúan primero lo de afuera que lo de adentro.

Empresas en todo el mundo invierten millones de dólares en diseños de empaques para los productos, apostando a que nuestra mente hará los juicios necesarios. Le pongo el color verde, debe ser sano y ecológico. Uso un tono plateado y debe ser de alta tecnología. Todo este marketing está basado en juicios.

Sin embargo debemos entrenar a la mente a ver las cosas de manera diferente. Las afirmaciones nos ayudarán a no juzgar. A entender que diferente no es malo, solo es diferente. Puedo no estar de acuerdo, pero no quiere decir que sea malo. Solo es diferente, y es desde mi propia experiencia. Esto me hace verdaderamente consciente de mi realidad. De estar aquí y ahora.

¿Pero para qué es importante esto? Porque, a mi entendimiento, si no hay conciencia no hay creación. Y aquí es donde nos empezamos a meter en situaciones que están muy abiertas y discutidas por culturas enteras en todo el mundo. Aquí podemos tocar el concepto de espiritualidad. Con amor y profundo respeto a tus propias creencias, te comparto algunas reflexiones sobre el tema, que es fascinante, amplio y retador.

Ralph Waldo Emerson dijo: "Todos somos inventores, cada uno navegando en un viaje de descubrimiento, guiados cada uno por una carta de navegación privada, de la cual no hay duplicado. El mundo es todo puertas, todo oportunidades"

Antes de empezar a escribir este capítulo, viví un proceso de reflexión fuerte. ¿Cómo hablar de espiritualidad sin hablar de religión? ¿Cómo hablar sin dogmas, sin criticar las organizaciones religiosas del mundo? ¿Cómo enfrentar las preguntas del Ser de una manera que sean compatibles más allá de creencias?

La espiritualidad es ese tema delicado. Es muy personal y está arraigado en las personas, basado en amplias experiencias de vida, sistemas de creencias, herencia familiares, aprendizajes y, por supuesto, la fe.

Así que trataré de abordar el tema desde una perspectiva personal, para que cada quien en su momento pueda llevar estos aprendizajes a su propia experiencia y los pueda unificar con su propia fe. Complemento, no cambio. Compara lo que te haga sentido, quédate con las preguntas y desecha lo que te incomode. Al final es algo muy tuyo.

Nota importante: Si en algún momento sientes que lo que estás leyendo entra en conflicto con lo que crees, recuerda que la intención no es adoctrinar a nadie, sino presentar una serie de reflexiones que nos ayuden a crecer como personas.

Si en algún momento sientes que esta parte del libro se contrapone a tus creencias, salta el capítulo. Al final no pasa nada, el libro está diseñado para que cada parte funcione de manera independiente.

Una cosa que he encontrado en todo mi camino siendo un curioso y constantemente cuestionando muchas cosas, es que hay algo más allá de lo que puedo ver y tocar. Para algunos es Dios, en cualquiera de sus formas o nombres, el Padre Celestial, la Energía del Universo, el Ser Supremo. Incluso para los más ateos o agnósticos, la ciencia soluciona muchas cosas, pero al final es una respuesta que se encuentra fuera de mí.

Así que haré lo contrario y regresaré al interior. Te voy a pedir que me acompañes por un breve proceso de introspección. Busca un lugar cómodo, toma asiento de manera que tu cuerpo no te estorbe, y empieza a respirar. (Te recomiendo leer los siguientes pasos antes de hacer el proceso o bien buscar las grabaciones de los ejercicios)

Ejercicio de Introspección

1. Mientras estás respirando, inhalando y exhalando por la nariz, trata de hacer que tu respiración sea más lenta y uniforme. Si tardas 4 segundos en inhalar, trata de que la exhalación sea igual.

2. Empieza a sentir tu cuerpo exterior. Siente el peso. Inicia un recorrido mental desde la punta de tus pies, pasando por tus piernas, tu cintura, tu pecho, tus brazos y hombros, subiendo por el cuello hasta tu cabeza. Tu cuerpo está pesado y relajado. Tu piel envuelve tu cuerpo.

3. Empieza a sentir tu cuerpo interno. Siente tus músculos, la sangre que bombea desde el pecho y que recorre tus venas. Siente la respiración que pasa por tus pulmones y oxigena tu organismo. Siente tu cerebro, moviéndose, pensando, recibiendo oxígeno, sangre y nutrientes. Tu corazón late.

4. Ahora, sigue sintiendo todo esto, pero siente también que hay una fuerza interior dentro de ti. Llámala por el nombre que quieras, pero reconoce que está dentro y que es más grande y poderosa que tu cuerpo físico. Es energía: tu energía.

5. Imagina que esa fuerza está representada por luz blanca. Esta luz empieza a brillar de adentro hacia afuera. Siente cómo se vuelve más brillante. Siente como recorre cada rincón de tu cuerpo físico. Pero sigue creciendo, sigue brillando. Crece tanto que empieza a salir de tu cuerpo y brilla, iluminando a tu alrededor. Como si estuvieras en una gran esfera de luz.

6. Agradece a esa fuerza superior por esa luz que eres tú. Tu esencia, tu origen y tu fin. Tu todo. Agradece que esa fuerza es la que te ha mantenido viviendo. La que te hace parte de cosas más grandes y que te ha permitido sortear todo tipo de cosas a través de tu vida, incluso muchas que pensabas que no ibas a poder superar. No fue tu cuerpo, fue tu fuerza interior.

7. Quédate con esta sensación de fortaleza y luz. Poco a poco siente tu cuerpo físico. Mueve un poco tus dedos, tus pies, y gira suavemente tu

cabeza a los lados. Regresa lentamente y abre tus ojos parpadeando lentamente. Sonríe y siente. No hay sentimiento correcto o incorrecto, solo sentir.

Gracias por darte esta oportunidad de conectarte con tu fuerza interior. Si la llamas Alma, Energía, Vibra, Espíritu Santo o Chacras. No importa, es sólo tuya. Siéntela, disfrútala y reconoce que es tu esencia, lo que realmente eres, más allá de la camisa, el maquillaje o los zapatos. Eres tú en realidad. Tal vez no la puedes ver, pero la puedes sentir.

Siempre que exista cansancio, hartazgo, preocupación o tristeza, recuerda que eres más que tu cuerpo físico. Eres un ser de luz, lleno de energía. Tienes una fuerza que viene desde adentro y es más grande que cualquier situación.

Cuando sientas que estás en un estado negativo, imagina que eres un gran mapa del mundo. Como este mapa interactivo al que podemos acceder desde nuestra computadora y que tiene una función de alejar. Como el lente de una cámara que aleja y en segundos, desde un punto fijo en el mapa, puedo ver un área más grande. Entre más me alejo más veo y más pequeño es el punto que estoy dejando.

Así son nuestros problemas cuando usamos el zoom. Cuando estoy cerca, se ven grandes y complejos. Pero si me alejo un poco y veo las cosas en perspectiva, desde una distancia, se ven pequeños. Incluso las situaciones más difíciles, con el tiempo toman su distancia y se ven pequeñas.

Nuestro espacio inmediato es pequeño, comparado con el resto del mundo. Comparado con el universo y sus galaxias, no somos más que granos de arena; y lo único que es tan grande como las constelaciones, es nuestro espíritu.

Como les decía al inicio del capítulo, no me voy a meter en discusiones teológicas o a cuestionar temas de fe. Para mí, la humanidad es una gran hermandad, que a pesar de sus diferencias en creencias, nace del infinito amor que genera la creación.

Así que daré algunas recomendaciones para mantener y aprovechar esta fuerza interior que estamos descubriendo y que cada quien, según sus creencias, podrá llevar a la práctica.

1. Entiende que no estás solo o sola. No hay desamparo y "el mundo no te ha abandonado". Te tienes a ti, al mundo lleno de oportunidades, a las personas que buscan cosas similares a ti, a las que no, a la madre naturaleza, a tu Fe y por supuesto a tu fuerza interior. A veces es bueno soltar y dejar que las cosas vayan pasando, sabiendo que Dios (en cualquiera de sus nombres o representaciones), está al volante.

2. Siempre vas a encontrar el camino, siempre. Se llama intuición y es un gran regalo que nos permite experimentar lo que nos toca en esta vida, mientras nos guía por el camino que debemos recorrer. Sigue tus instintos aunque a veces se contrapongan con la lógica o los convencionalismos sociales.

3. En la medida que tu cuerpo esté bien alimentado y descansado, tu fuerza interior tendrá mucha mayor facilidad de relucir. Es como tener una luz escondida bajo cajas de triques. Cuando limpias un poco, la luz brilla.

4. Siempre procura que tus pensamientos sean positivos y te sientas en paz. Así tu fuerza interior tendrá mucha mayor facilidad de salir. Sonríe mucho, aunque te sientas triste. Si obligas una sonrisa y la mantienes, eventualmente tu mente entenderá que estás feliz y ese será tu estado. Dale a tu mente esa instrucción. El mundo está lleno de pequeños milagros y pasan todos los días, aprende a verlos.

5. Tu fuerza interior es más fuerte de lo que piensas. No luches contra el miedo de cambiar. Reconócete, abraza el miedo y dile que te acompañe,

no que te detenga. Usa su energía. Cuando veas que estás emprendiendo algo grande y que te dé miedo, es la fuerza de tu espíritu llevándote por un camino que debes recorrer. No pelees en contra, fluye y disfruta el camino.

6. Reconoce también tu obscuridad. Tu lado no tan bueno. Es parte de ti. Tus momentos complicados, donde sientes que no brillaste. La Luz y la Obscuridad son dos lados de una misma moneda. Son parte de nosotros y nos ayudan a encontrar un balance. Una armonía que puede no ser perfecta para otros, pero es totalmente perfecta para ti.

El mundo necesita más de tu luz. De tu gran fuerza interior para cambiar. Cambias tú y cambia tu entorno. Cambia tu entorno y cambia el mundo. Tu mundo. Nuestro mundo.

"El amor es nuestro destino.
Nosotros no encontramos el significado
de la vida solos, lo encontramos con otro."

Thomas Merton

Monje trapense, escritor católico y místico.

Capítulo 9

Zombi Love: Las Relaciones de Pareja

La frase del monje trapense, poeta y pensador estadounidense Thomas Merton siempre me ha gustado mucho. El está considerado como uno de los escritores sobre espiritualidad más influyentes del siglo XX. Y es muy interesante como una frase de un monje, alguien que no contrajo matrimonio habla de encontrar el amor con otro. No quiere decir adherido o co-dependiente. Pero sí en armonía.

Lo que este teólogo quiere decir con "otro", implica una persona además de mí. Es descubrir el amor con quien sea que comparta el espacio. Mi pareja, sin etiqueta de matrimonio, mis hijos, mis padres, hermanos, pero también amigos, vecinos, compañeros de clase y hasta la gente que no me agrada tanto. Incluso mis mascotas me ayudan a que esta ley aplique cuando realmente el amor existe.

En este capítulo quiero hablar de algo que es muy difícil y quiero aclarar unas cosas. Mi vida sentimental no es perfecta, nunca lo ha sido. Tuvo épocas muy duras. Corazones rotos, pérdida de amor y de confianza, conatos de divorcio y un sinfín de tempestades que me ha costado reconocer, enfrentar y tratar de transformar. Hay partes del camino donde hay dolor y tristeza.

Así que ni soy perfecto, ni tengo una posición moral alta. Soy tan real, cómo tú. Lo que sí puedo, es compartir como he podido darle la vuelta a una serie de cosas complicadas, habiendo encontrado la felicidad en lo bueno y lo malo que tienen las relaciones humanas. No sé qué sigue, pero sé que hay un camino para afrontarlo.

Debo aclarar que este capítulo se centra en el amor de pareja. Para poder amar a alguien más debo primero estar enamorado de la persona más importante en el mundo: Yo.

Si sientes que no estás en esa posición y que tu amor propio no está realmente desarrollado, te sugiero buscar apoyo para encontrarlo, crecer y abrirte entonces al mundo a que pueda llegar alguien que te complemente, en lugar de alguien que te defina.

Todo el mundo habla de amor con una ideología sacada de un cuento de hadas. Hollywood nos ha enseñado que existe el amor perfecto; que habrá alguien para detener tu caída si te tiras de un puente y que, justo en el momento que necesitas, aparecerá esa persona especial, con brazos abiertos y te dirá "Te Amo", mientras la lluvia los moja y los autos pasan pitando de alegría. El sol saldrá, la lluvia se quitará y en una explosión de amor, esas personas vivirán felices para siempre.

La realidad, como muchos la hemos vivido, es muy diferente. Si bien existen momentos cargados de romance donde las personas parecen flotar en el aire, también existen muchas situaciones cotidianas tediosas, aburridas, incómodas y difíciles. El amor es un sentimiento tan complejo como las reacciones que provoca.

El reto no es crear temporalmente una emoción de comedia román-tica. El fondo del asunto radica en mantener emociones positivas a través del tiempo. En momentos de pobreza y enfermedad, como dicen los novios al casarse. Durante meses de estrés laboral o de presiones sociales. En tiempos de "me siento gorda", "estoy deprimido", "traigo auditoría" o "los niños me dejaron exhausta".

Es muy curioso, pero las relaciones de pareja de largo plazo requi-eren estabilidad y precisamente esa estabilidad es la que se traduce en tedio y las lleva a la ruina. Esto parece una paradoja, pero es real. Voy a explicar esto de acuerdo a mi propio entendimiento.

La primer cosa que he concluido y que me ha tomado muchos años entender, es que la estabilidad y la aventura son opuestos y cada uno estira hacia un lado diferente. Ambos coexisten dentro de mi y ambos son necesarios.

La Dra. Esther Perel, psicóloga, terapeuta de pareja, autora y una de las expertas mundiales en sexualidad de pareja, menciona que son fuerzas opuestas. Por un lado, el deseo de lo nuevo, y por el otro la estabilidad necesaria para mantener una relación a largo plazo. El deseo de seguridad y el deseo de sorpresa, por más opuestos que sean, deben aprender a convivir. Este es el gran reto de las relaciones a largo plazo y soy sincero cuando digo que me ha tomado muchos años descubrir esto.

Por un lado, dice la Dra. Perel: está nuestro hogar, que es algo que nace de nuestro deseo de seguridad. Es nuestra ancla a la tierra. Mi espacio, donde me siento protegido. "El casado casa quiere", es una frase muy usada en México. Sin embargo esto trae consigo una vida, estable, lineal, y hasta predecible, donde los días son repetidos interminablemente con una monotonía casi abrumadora y sólo interrumpidos temporalmente por destellos de actividades diferentes.

Por el otro lado tenemos una necesidad de aventura y lo que conlleva. Misterio, peligro, enfrentarse a lo desconocido, vivir al borde y sentir apasionadamente en todo el cuerpo. Lo opuesto a lo que usamos para definir hogar. El hogar es fijo, la aventura se mueve. El hogar delimita, la aventura expande. El hogar retiene, la aventura suelta. Opuestos que requieren balance.

Entonces, ¿cómo mantener el deseo y la intimidad sin perder el plan de vida? No tengo la solución perfecta ni a la medida de todos. Pero la pregunta en sí, trae una serie de respuestas y recomendaciones que podemos experimentar en nuestras propias vidas, entendiendo poco a poco que esta es una carrera de resistencia no de velocidad. De paciencia surgida del amor sincero. Lo que les propongo son algunas reflexiones que ayudarán a que cada quien descubra el camino a su modo. Hay que ir probando y haciendo ajustes.

Cuando iniciamos una relación de pareja, todo es nuevo. Todo es aventura. La primera vez que te tomaste de la mano caminando por la calle, ¿qué sentiste? Cosquilleo. Mariposas en el estómago. Las endorfinas en nuestro cerebro haciendo el sol más brillante, los ruidos más silenciosos, las flores más aromáticas y el deseo de encontrarte con esa persona especial por sobre cualquier otra cosa. Romance.

Recuerda el primer beso mientras te despedías. Ese que te agarró de sorpresa aunque sinceramente lo esperabas con ansia. Electricidad que va recorriendo cada rincón de mi cuerpo. Debo confesar que escribir esto me hace vivir esas sensaciones de nuevo. El primer momento de intimidad, donde conectaste a niveles muy profundos. Donde dijiste: "Esta persona es para mí y hoy siento que también soy para esta persona".

Son sensaciones nuevas. Muchas veces experimentando cosas que no sabíamos que existían. Estamos explorando y descubriendo. Tenemos puesto el sombrero del aventurero en la cabeza y estamos en un estado completamente energizados. Somos aventureros en búsqueda de grandes descubrimientos. Todo es nuevo y la aventura del camino es más divertida que el destino.

Por primera vez en la historia de la humanidad, vivimos en una era en donde somos dueños de nuestra intimidad y tenemos la elección de explorar las sensaciones, más allá de la necesidad básica de reproducirnos. Hoy podemos explorar, sin que la meta sea poblar el mundo. Tenemos la sexualidad de nuestro lado. Y la responsabilidad también.

¿Entonces por qué tendemos a perder esto? Normalmente cuando entramos en estados de estabilidad, la exploración se reduce. Nuestro instinto de seguridad bloquea la aventura. De repente hay gastos de boda, hipotecas, meses sin intereses en muebles. Después los pañales, los gastos en pediatra y las colegiaturas.

Nuestro cuerpo cambia. Tenemos sueño. Estamos agotados. De un día para otro, los hijos empiezan a ocupar tiempo, dinero y energía. Después de un tiempo determinado, tu espíritu de aventura concluye que los tesoros fueron todos descubiertos y los que no han sido, ya no importan tanto, a veces solo quieres dormir.

El aventurero pierde interés. Se vuelve un zombi en su relación. Camina lento. El sombrero se guarda en el armario y se olvida años después. Sale ocasionalmente un fin de semana romántico a la playa, que más que romántico se vuelve de descanso y desconexión. De comer interminablemente y buscar, muchas veces casi forzado, el momento de intimidad. Al final de unos días te das cuenta que no es suficientemente largo como para recuperar la aventura. Es una pequeña cinta adhesiva en una gran herida. Regresamos a la realidad como si nada hubiese pasado. El Zombi camina aburrido y abrumado, sin interés.

Pero hay un lado positivo a todo esto. Después de años de viajar y divagar en mi propio matrimonio, no sabiendo si debíamos abandonar el barco y buscar aguas nuevas, pude re-conectarme y empezar a entender muchas cosas. Entonces, ¿Como reconciliar estas dos posturas diametralmente opuestas? Aquí comparto algunos de mis propios aprendizajes que espero sirvan para que tú encuentres los tuyos.

El primero tiene que ver con la perspectiva de aventura de cada quién. Lo más difícil de entender es que en una relación de pareja, las dos personas tienen su sombrero de aventura; y no siempre es igual. Es complementario, pero no igual. Hay que entender que no porque no lo veas, no quiere decir que no está allí. En diferentes intensidades, todos nos sentimos atraídos a lo nuevo.

Solo que no lo decimos. "Tuve un día largo, pero tengo que traer el pan a la mesa", declaramos. "Soy mamá de 3, esos tiempos ya pasaron", decimos. ¿Suena familiar? Es muy común. Lo que no entendemos como pareja es que hay que ir juntos al armario, desempolvar los sombreros y decidir unirnos en una aventura que los dos podamos y queramos vivir.

No estás descubriendo a la otra persona como en un inicio. Estas descubriendo cosas nuevas de él o ella, y están descubriendo el mundo juntos. Es como volver a ver una película que hace años no ves. Encuentras cosas nuevas porque tú eres diferente.

Las dos realidades chocan para crear algo nuevo y mejor. El proceso es evolutivo, de cambio hacia adelante y mejora en lo nuevo, pero con las bases firmes en lo que ya existe. Lo importante es poderlo hablar. No implica nunca dejar mi individualidad. Esa la debes seguir construyendo. Lo que conlleva es a unir en tiempos específicos las partes individuales de cada persona, para crear una relación que construya.

Algo que debemos recordar es que nuestra expectativa de vida aumenta significativamente gracias a la ciencia médica, la alimentación y la protección. Hoy vivimos mucho más con esa persona especial. Y esto hace que valga mucho la pena invertir el tiempo para encontrar la forma de reconciliar estabilidad y aventura. Seguridad y deseo. Lo fijo y lo que se mueve. Y, definitivamente, moverse más.

La Dra. Perel comenta dos cosas que a mí me parecen muy importantes y que tienen que ver con volver a desear a la pareja. Nadie quiere buscar aventuras con un compañero aburrido, tedioso o equis como se dice comúnmente. Yo digo que es como si Indiana Jones vistiera traje gris y fuera un aburrido empleado de una oficina, en lugar de un aventurero.

A veces la rutina y lo aburrido tienen que ver con una percepción que ya sé todo de esa persona. Que no hay nada nuevo qué descubrir. Esta psicóloga recomienda, primero, que encuentres la forma de extrañar a esa persona especial. No todo se tiene que hacer en pareja y cuando empiezas a extrañar a la otra persona, se vuelve a generar deseo. Darse tiempo para que nos volvamos un poco misteriosos el uno al otro.

Otra recomendación que da es que veamos a la otra persona en la perspectiva lo que hace fuera de la vida de pareja. Verlo dar una clase, verla coordinar un proyecto. En su hábitat que no es el de la vida de casa. Cualquier cosa que tenga que ver con la relación de esa persona y el mundo exterior. Esto también está comprobado que genera deseo.

La comunicación juega un rol clave. Hay miles de publicaciones sobre la comunicación en pareja. Tantas que parece trillado el concepto, pero el resumen es simple. Debemos poder establecer momentos y lugares en donde seamos escuchados y podamos escuchar, sin ser juzgados. Las palabras deben ser honestas. Donde podamos expresar nuestros sentimientos de manera segura.

Recordemos que si no estamos de acuerdo con la pareja no importa. Lo importante es escuchar, entender que eso es relevante para la otra persona y respetarlo. A partir de aquí se buscan puntos medios y se llega a diversos acuerdos. No porque pensamos diferente, estamos mal. Solo estamos en diferentes terrenos y tenemos que encontrar territorio común. Tampoco quiere decir que estamos en desacuerdo de todo, solo por estar en desacuerdo de algo.

Las relaciones son como la teoría de conjuntos que aprendimos en matemáticas. Yo soy el conjunto A. Mi pareja es el conjunto B. Tienen un área común de intersección y crean un AB. Pero yo sigo siendo A y la otra persona B. La comunicación nos ayuda a mantener AB funcionando, pero sin destruir A o B, que son conjuntos independientes y la base de esa unión. Lo importante es mantener un balance entre lo que soy en lo individual y lo que como pareja comparto para no perder mi individualidad. Hay que aprender a decir lo que sentimos y a escuchar con amor y respeto lo que la otra persona nos comparte.

Cuando hay hijos, el conjunto se hace más grande y las intersecciones más complejas. Pero lo bonito es que la comunicación, basada en sentimientos, sin juzgar y buscando acuerdos, funciona también para incluir a los hijos en el proceso. Siempre buscando que todas las partes individuales del conjunto sigan siendo originales y que los puntos de convivencia aporten a un todo más grande.

El éxito de vivir en pareja, si bien radica mucho en tolerancia y comunicación, realmente se llega a su máximo potencial cuando ambas personas son su mejor versión de sí mismas, aprendiendo a escuchar, hablar y actuar sin juzgar. Respetando límites, apoyando las metas personales de su contraparte y respetando su propio proceso. Son lo que son, se aceptan mutuamente y pueden ser una unidad sin perder la individualidad.

Con base en mi propia experiencia les puedo decir que el amor es una actividad que requiere disciplina y trabajo. Es demandante. Exige tiempo y esfuerzo. Tiene increíbles componentes de espontaneidad y sorpresa, pero requiere acercarse diariamente, con dedicación y, por sobre todo, una predisposición a saber que conforme madura, se vuelve más interesante pero más retador. Vale la pena cada minuto. El resultado siempre es mayor al esfuerzo. Es la mejor inversión que se puede hacer.

Este capítulo no tiene ejercicio ni reflexión, más allá de lo que tú puedas hacer. Mi recomendación es que hagas un pequeño alto, evalúes tu relación de pareja y empieces a pensar qué cosas puedo aportar desde mi perspectiva para que la relación mejore. No podemos cambiar a los demás, pero podemos aportar y muchas veces esto es suficiente para que los cambios inicien. Si sientes nervios o inseguridad, da pasos pequeños y confía en el proceso. Lo demás, irá sucediendo.

"El Universo es cambio, nuestra vida es lo que nuestros pensamientos la hagan."

Marco Aurelio

Llamado El Filósofo, fue emperador de Roma de 161 a 180 y gobernó una época de paz, estabilidad y prosperidad en el imperio.

Capítulo 10

El Zombi Aprende a Recibir: Atracción y Abundancia

Un día, mientras daba un curso, una mujer me preguntó que por qué no tenía todo lo que se merecía. Me llamó la atención la pregunta porque estábamos en otro tema y creo que no pudo esperar hasta cubrir ley de la atracción para preguntar. Esta señora estaba verdaderamente molesta porque "le había pedido al universo" una serie de cosas y nunca llegaron.

Yo me imagino que fue como ponerse frente a la televisión y pedirle una película. Pero no la conectas, enciendes y no buscas lo que quieres ver. Solo te sientas a esperar. Aquí está el secreto mejor guardado de la ley de la atracción y que a mí me ha funcionado.

Aclaro que todos procesamos este tema de manera diferente y que cargamos muchas creencias limitantes y miedos, que a veces traen diferentes resultados a las mismas personas. A mí me ha funcionado todo de maravilla, pero ha sido un trabajo constante de prueba y error.

Yo entiendo la ley de la atracción como la sintonía entre la claridad de lo que quiero, el sentimiento de merecerlo y la persistencia de mantener ambas cosas, sabiendo con todo mi ser que "ya sucedió" aunque mis ojos no lo puedan ver aún. Sin embargo, hay un paso inicial que es importante revisar antes.

Para que la ley de la atracción funcione, tengo que estar bien y sentirme bien. No importa mi situación o mi estado. Necesito estar en un punto en donde mi parte física, mental, emocional y espiritual estén en sintonía. Es mucho de lo que hemos venido tratando de aprender en este libro.

Este capítulo no funciona si no has trabajado en ti y no estás en un buen momento.

Nunca estaremos al 100% en todo, pero hay una frase que me ha servido mucho y es "fíngelo hasta que lo consigas" de la autora e investigadora Amy Cuddy. La teoría es profundamente sencilla. Ella propone que el cuerpo puede moldear la mente y no solo al revés como antes estaba establecido. Para ello, propone que una actitud física, llamada posturas de poder, puede cambiar mis estados mentales.

Esto lo he podido incorporar y adaptar con un aprendizaje del yoga que me ha servido mucho. Es que si lo físico funciona, la mente y el control de las emociones empiezan a mejorar y eventualmente se integra en una alineación que te lleva a un estado muy positivo.

Así que combinando ambos principios, si llegaste a este capítulo y aún hay dudas o miedo, "¡engáñate!" Usa tu cuerpo para sentirte bien. Siéntate derecho, camina con la frente en alto. Vístete tu mejor ropa, usa maquillaje. Cualquier cosa que físicamente levante tu ánimo. Piensa que está todo preparado para llegar.

Ahora bien, si estás en un momento de estabilidad, es el momento de empezar a pensar en lo que quieres atraer. Recuerda que no todo es dinero. Podemos atraer salud, tranquilidad, diversión, etc. Dios, el Universo o como lo quieras llamar, es absolutamente infinito y tiene disponibilidad de darnos lo que necesitamos sin juzgarnos. ¿Qué es lo que realmente necesitamos?, esta es la gran pregunta. ¿Qué entiendes por "necesitar"? ¿Cuánto es "abundancia" y cuánto "escasez"?

Esto hay que definirlo, porque sí pedimos desmesuradamente y sin claridad, mi mente no puede comunicarse con la fuente infinita y las cosas no llegan.

Para efectos de este capítulo, yo llamaré a esta energía o fuerza infinita, la FUERZA DIVINA, en mayúsculas, con profundo agradecimiento y respeto. Tú decide cómo llamarlo o llamarla, el nombre no es importante, lo importante es saber que esa gran fuerza allí está. Más que creer, tiene que ser algo tan cierto como que el sol está allí, aunque esté nublado y no lo puedas ver. Esta energía es la que nos ayudará a sintonizarnos y atraer lo que buscamos.

La FUERZA DIVINA es una gran energía que me ayuda a conectarme con todo. Así, cuando yo necesito algo, me conecto y lo pido. Sigo un proceso sencillo que iré detallando donde logro conectarme con esa fuerza. Pienso de manera clara, siento con todo el corazón y mantengo la visión y el sentimiento de éxito, independientemente de todo lo que pueda estar pasando a mi alrededor.

También es importante aprender a atraer. Atraer quiere decir que lo que buscas ya está allí. Solo lo vas a "jalar" hacia ti. Sin embargo, insisto en que debes haber revisado tu camino. Sentirte bien con tu persona. Saber qué es lo que realmente necesito. Te pongo un ejemplo.

Si quieres que tus hijos tengan una buena educación, pero no sabes ni cuánto cuesta la universidad, no hay claridad. La mente batalla. Tal vez se imagina que es imposible. Si mientras piensas en eso estás pensando en un auto nuevo, tampoco funciona. Hay confusión. Si además, por ejemplo, tu relación de pareja esta fallando, es otra variable más, que además le mete miedo, preocupación y hasta tristeza al proceso. Es demasiado para cualquiera.

Entonces, para que el proceso se logre, necesitas primero trabajar en ti, para luego trabajar en tus relaciones. Desde una perspectiva mas estable y feliz, puedes enfocar tu atracción a la escuela y después el auto, que al final es un bien material. Es más fácil cuando es una cosa a la vez. Si no lo haces es como querer sintonizar una estación de radio, pero estás en un avión. Estás fuera de alcance y no lo lograrás.

Vamos a empezar con un pequeño ejercicio de visualización. El ejemplo funciona con cualquier cosa, pero usaré unas vacaciones para poder demostrarlo. Cuando queremos viajar y no podemos, nos es difícil enfocarnos a pedir algo específico, porque "no me la creo" que sea posible. Pero pensar es gratis y trae grandes beneficios.

Busca un lugar tranquilo sin ruido y tómate unos minutos para pensar en unas vacaciones que quieras tomar. Empieza con algo sencillo. Vas a imaginar hasta el último detalle. Cuando pienses dónde, no digas el mar. Di, ¡Riviera Maya!. ¿Cancún o Playa del Carmen? ¿Hotel? ¿Todo incluido? ¿Romántico? ¿Niños? Etc. Busca en páginas de internet lo que quieres. Ve las fotos, ve la ubicación, ve el mar, la habitación, la comida y el precio. Define hasta qué ropa usarás. Qué traje de baño traer puesto. La camisa o vestido que usarás para la cena. Entre más detalle mejor. Y pon fecha, no inmediata pero no tan lejana. Tal vez unos meses.

Ahora bien, vive esto en tu mente. Velo con claridad y siéntelo. ¿Cómo te hace sentir? ¿Qué emociones pasan por tu mente? Es muy importante mantener solo emociones positivas. Si estás con estrés de cómo vas a pagar el viaje, entonces no podrás atraerlo. Así que velo, siéntelo y vívelo. Tómate tu tiempo y no regreses al libro hasta que hayas pasado por esto con toda calma y felicidad.

Te doy la bienvenida a tu regreso de las vacaciones. Ahora vamos al siguiente paso. Para ello, tengo que explicarte el concepto de persistencia y cómo el enfoque es un gran cambio en la forma de percibir. Para mí, existe una diferencia entre perseverancia y persistencia, aunque puedan ser sinónimos o palabras muy similares. La diferencia tiene que ver con el enfoque que les damos.

La perseverancia es buena, pero puede ser peligrosa. El riesgo está en que puedo estar manteniendo un camino que no debe ser, que no es correcto para mí. Entonces insisto e insisto. Es como la expresión mexicana de "le estás metiendo dinero bueno al malo" que refiere que seguimos insistiendo en mantener un negocio que ya no funciona. Este es el riesgo de la perseverancia en mi forma de entenderla.

En mi aplicación de la ley de la atracción, la persistencia tiene que ver con mantener la claridad de lo que quiero y el sentimiento de merecerlo, pero abiertos siempre a la posibilidad que puede haber muchos caminos para lograrlo y que también habrá obstáculos. Mi mente enfocada en lo que quiero y mi corazón en sentir que es mío, que lo tengo. Este es el primer gran cambio.

El segundo gran cambio tiene que ver con lo que mencioné anteriormente de que las cosas ya están allí y sólo las estoy atrayendo hacia mí. Entonces, como ya existe lo que quiero, tengo que agradecer en el presente. Como si ya lo tuviera. Aunque no lo veas ni cerca. Este es el segundo gran cambio. Gracias por mis vacaciones, aunque no las vea más que en mi mente.

Este es el 1-2-3. El último paso es de la FUERZA DIVINA. Hay que darle tiempo para que haga su trabajo. Agradece y suelta, manteniendo la persistencia de sentimientos positivos en todo momento.

Ahora vamos a integrar todo en una lista de pasos:

1. Pensar con absoluta claridad y detalle lo que quiero, y poner una fecha dentro de estos detalles
2. Sentir que es mío, que lo merezco y saber que allí está
3. Agradecer que lo tengo (aunque no lo tenga)

4. Dejar que la FUERZA DIVINA haga su trabajo y mantener los pasos 1-3 pase lo que pase.

Mi sugerencia es empezar con algo leve. Pedir "una sorpresa" en las próximas 72 horas. Pedir algo nuevo. Que te sorprendan, y esperar. No buscar, no insistir, pero sí estar muy consciente de mis alrededores. Ve qué llega. Esto te hará el trabajo más fácil cuando pidas algo que percibas como más "grande".

Todo llega a su tiempo. Pero se vale pedir tiempos específicos. Especialmente cuando hemos trabajado en ser mejores personas y estamos listos para recibir. Te sugiero que siempre que pidas algo, pidas de manera específica y luego termines diciendo "o algo mejor para mí". Tal vez hay algo mejor para ti y ni cuenta te has dado.

¿Y si no llega? Sigue insistiendo. Así como no te puedes levantar un día y ya saber tocar un instrumento musical, tampoco puedes esperar que de la noche a la mañana puedas atraer todo lo que quieres. Estamos todos en constante aprendizaje. Mantente en atención a las señales de la FUERZA DIVINA. Tal vez te están mandando esas opciones que no sabías o no te imaginabas. Tal vez son mejores opciones. Entre más abiertos más efectivos.

"La vida es un balance entre el descanso
y el movimiento"

OSHO

Orador, filósofo y místico de la India

Capítulo 11

El Zombi busca Balance:
La Familia Zombi y el Trabajo Zombi

Entiendo el balance como un estado alcanzado y viene del resultado de equilibrar fuerzas opuestas, distribuyendo el peso de tal manera que el resultado es un punto central entre ambas partes. Como el que camina en una cuerda elevada y se mantiene en el centro para no caer.

En la vida el balance es la clave entre el éxito y el fracaso. Entre el estrés y la paz. Entre la abundancia y la escasez. Entre llegar y nunca salir. Es un punto de anclaje que debemos alcanzar, pero que es siempre móvil. Cambia constantemente.

Balancear una carga de trabajo importante con una vida familiar parece a veces una utopía. Muchas veces, en sesiones de coaching, escucho las mismas frases. "No tengo tiempo para hacer ejercicio", "Yo qué más quisiera poder ir al parque con mis hijos, pero mi jefe es muy poco flexible". Tiempo, dinero, tráfico, estudios, género, edad. Algunas de las muchas excusas que la gente pone y que de alguna manera usan para justificar su falta de balance.

Entonces, ¿cómo balanceo un día donde el peso de la escala está inclinado en las cosas que tengo que hacer como el trabajo o la escuela? Pareciera imposible porque el día tiene pocas horas y quiero hacer todo.

Lo primero que debemos revisar es, ¿qué quiere decir todo? ¿Quiero hacer todo o siento que tengo que hacer todo? Déjenme tratar de explicar esto.

Hay cosas que hacemos porque son absolutamente necesarias. Respirar, comer, beber agua, dormir, ir al baño. A partir de allí las cosas empiezan a variar y la palabra necesidad toma muchas definiciones.

Definitivamente todos estamos involucrados en actividades que generan ingresos para poder "mantenerme". ¿Qué quieres mantener? ¿Realmente llegamos a la quincena pensando en una mejor educación para los hijos o estamos preocupados por el super-teléfono inteligente que nos compramos a meses sin intereses?

Así que tengo necesidades y necesito dinero. Esto es solo el inicio. Después están las cosas que creo que necesito. Como el último teléfono o la pantalla de 65 pulgadas porque la de 42 ya me quedó chica. Tarjetas de crédito y deudas impagables.

Pero hay más. Después están las cosas que hago por culpa o compromiso. Esas que involucran hacer cosas que no quiero, como ir al cine con los niños aunque estoy cansado, o asistir a casa de los vecinos porque "tenemos mucho compromiso", aunque me caen mal todos. No me malinterpreten. Es increíble ir al cine con niños y ver su asombro. Y yo he tenido increíbles vecinos. Pero mi pregunta es, ¿lo haces porque quieres o porque crees que tienes?

¿A dónde voy con esto? Muy fácil. La primera parte de la lista de actividades son las que tengo que hacer para vivir e implican el trabajo y las interminables semanas. Eso me quita muchísimo tiempo. Después está las cosas que "tengo" que hacer y que también me quitan tiempo y me drenan mi energía. ¿Dónde quedan las cosas que quiero hacer?

Esta es la última parte de la lista. Hay cosas que realmente quiero hacer. Ir al gimnasio, no por culpa de estar gordo, sino porque me gusta el ejercicio. Jugar fut con amigos, ir a un club de jardinería o una clase de cocina. Dormir tarde un día, romper la dieta, jugar con mi perro. Viajar, comer rico o salir a bailar. Hay muchas cosas, pero no tengo tiempo ni recursos para hacerlas.

La persona promedio trabaja 50 horas a la semana para ganar dinero y gastar más de lo que tiene, en comprarse cosas que no necesita, muchas veces para cumplir un estándar social que ni le gusta. ¡Ups!

Semana tras semana tengo el privilegio de hablar con gente que realmente se abre y me comparte su vida. Llena de días interminables de levantarse temprano sin ganas, pasar por rituales de niños, tráfico y trabajos horrendos, sólo para regresar a casa en estados tipo zombi, donde los "premios" son la televisión y alguna que otra salida social.

¿Pero dónde queda todo lo que quiero hacer y no puedo? Queda en los pequeños momentos. En tomarlo un día a la vez y una cosa a la vez.

Seamos realistas. Aunque tuviera recursos y un trabajo flexible, cómo sería de cansado un día si tratara de hacer todo. Ejercicio, clase de inglés, jugar con el perro, clase de cocina, jugar fut, llevar y traer a los niños, cine, viaje, trabajo. Sería abrumador y lo más divertido se volvería cansado.

La realidad es que todos los días, incluso lo más complicados, me ofrecen pequeños espacios de tiempo para hacer lo que quiero.

Por ejemplo, mucha gente me habla de estudiar. "Quiero estudiar inglés, pero no tengo dinero y no tengo oportunidad de ir a una escuela." Existen opciones de aplicaciones móviles y cursos en línea. Algunos van pagando poco a poco y si, por ejemplo, le quitas 20 minutos a tu hora de comida en una semana habrás avanzado 1 hora y cuarenta minutos. No parece mucho pero al mes son 5 horas 20 minutos. Es decir, tienes 5 horas más que los que decidieron no empezar.

Si le quitas 15 minutos a redes sociales, 15 minutos a tu comida y te levantas 10 minutos mas temprano, tendrás 40 minutos por día que no tenías. ¿Qué puedes hacer con esto? ¿Quieres aprender y no tienes dinero? Hay muchas opciones gratuitas en internet. ¿Quieres ser más saludable? Tienes 40 minutos para ejercicio. También puedes escoger 20 de ejercicio y 20 de cocina para que hagas cosas saludables y ricas.

La verdad es que no hay limite. Cada quien decidimos qué hacer. Es nuestra decisión a donde le quitamos tiempo. Es nuestra decisión que gastos moderamos. Yo les comento que tengo un plan de celular de muy pocos pesos por mes y no me paso de ese consumo. Por años traje un sistema celular pre-pago y sólo cargaba saldo cuando lo necesitaba. Casi a donde volteo todos traen planes con muy alto costo. La suma de esa diferencia que son cientos de pesos por mes, se vuelven varios miles por año. Me he acostumbrado a funcionar así. Prefiero usar el dinero en otras cosas y aumentar el consumo de telefonía móvil solo cuando lo requiero y no antes.

También me gusta viajar. A veces viajo largo, pero muchas veces corto. Pego tardes con días festivos. Pago a meses, sobre tiempo. Busco ofertas constantemente y siempre mantengo mi emoción positiva. Todo se ha presentado. Viajo y lo puedo combinar con mi trabajo.

El balance es encontrar el tiempo y los recursos, para introducir pequeños cambios y poder hacer las cosas que quiero. Un pequeño cambio, de minutos, balancea la escala a nuestro favor en formas que apenas podemos imaginar. No puedo hacer todo de golpe. Pero sí puedo avanzar.

Lo más interesante de esto es que si empiezo con 20 minutos, mi cuerpo y mente se sienten bien y quieren más. Así que en automático, vas a empezar a ver de dónde obtendrás el tiempo y los recursos para hacer más. Y créeme cuando te digo que encontrarás todo lo que necesitas.

No pienses en días perfectos. Piensa en días balanceados, donde puedas incluir cosas que quieres hacer. El balance será permanente y eventualmente los días parecerán perfectos. Incluso los más complicados.

Te recomiendo que pienses lo siguiente:

¿Qué quiero realmente hacer en mi vida, suponiendo que el tiempo y los recursos no son problema?

_____

_____

_____

_____

¿Por qué lo quiero hacer?

_____

_____

_____

_____

¿Cómo puedo empezar esto de manera sencilla? (poco tiempo, poco recurso)

_____

_____

_____

_____

Respondiendo a estas sencillas, pero profundas preguntas, inicias el camino del balance. Es una búsqueda constante que te dará energía, motivación, a la vez que un sentimiento de paz interior.

El balance no es algo absoluto que se hace y ya. Es encontrar todos los días un poco de tiempo, recursos y energía para hacer todo lo que quiero en mi vida. Si un día me cargo más de un lado que de otro, no importa. La suma al final es lo que importa. Te sugiero que no lo midas por día, sino por semana. Así sentirás que avanzas mejor.

Cualquier decisión que tomes, cualquier camino que sigas, es perfecto para ti. Siéntelo y vívelo. Encuentra esa sensación de estar presente en todo y disfruta tus horas, días y semanas. Poco a poco se irá creando un balance que será el correcto para ti.

"Si la oportunidad no llama, construye una puerta."

Milton Berle

Actor y comediante americano
con mas de 80 años de trayectoria.

Pensamientos Positivos

Siempre he estado convencido que pensar positivo no es creer que nada malo sucederá, sino saber que todo lo que pasa en mi vida es un regalo. Que las cosas suceden para ayudarme a crecer.

El cerebro humano es un órgano fascinante. A pesar de no ser el más grande en tamaño comparado con otros animales, nos da el poder de hablar, imaginar y resolver problemas.

Contamos con aproximadamente 100 millones de neuronas las cuales transmiten instrucciones entre sí a través de un proceso electromagnético. Como si fuera un procesador en una gran computadora hecha de tejidos.

Lo interesante es que al cerebro le cuesta lo mismo a nivel biológico, pensar en grande que en chico. En solución que en problema. En abundancia que en escasez. En éxito que en fracaso.

Biológicamente, es decir, como fuimos fabricados, no existe diferencia entre pensamientos que limitan y pensamientos que expanden. Es como si el recibo de luz de tu mente te saliera al mismo precio sin importar lo que piensas.

¿Por qué entonces sucede que muchas veces pensamos cosas negativas? Son nuestras propias creencias limitantes las que nos llevan a pensar en lo pequeño, en lo negativo en lo complicado. Operan a nivel subconsciente en el cerebro y nos hacen mucho daño.

El cerebro en negativo está ocupado con muchas funciones. Entran al juego la circulación acelerada, la hiper-ventilación, la adrenalina producida y un sinfín de factores que mantienen a la mente ocupada en lo físico. Por eso es tan difícil comunicarnos cuando estamos enojados. Decimos cosas que normalmente no diríamos y tenemos la tendencia de repetir mucho las mismas cosas.

Lo más interesante es que a través del tiempo, este hábito provoca que nuestro cerebro crea que es más fácil pensar en negativo cuando realmente es mucho más fácil pensar en positivo. El cerebro en positivo está relajado. Nuestro cuerpo funciona perfectamente bien y estamos libres para pensar, imaginar y crear.

¿Cómo le hago para cambiar la fórmula? Es cuestión de empezar a creer en nosotros mismos. Debemos dejar de identificarnos con esas creencias limitantes y tener más flexibilidad a que puedo creer y recibir más. Solo así puedo empezar a probar cosas diferentes y acostumbrar a mi cerebro a los pensamientos positivos.

Cuando vamos por la vida sin juzgar, aprendemos más, nos relacionamos mejor, entendemos mejor al mundo y somos más felices. No se diga que atraemos cosas mucho más positivas.

Aprendo del fracaso para crecer y voy por la vida sin juzgar. Libero entonces a la mente de muchas preocupaciones, la dejo funcionar mejor, y puedo sentirme feliz. No quiere decir que no vayan a pasar cosas malas. La diferencia es mi reacción ante situaciones que pudieran sentirse adversas. No me gusta y no estoy de acuerdo, pero no me enojo. Simplemente lo veo como algo diferente a lo que pienso y sigo mi camino acercándome a las cosas que sí estoy de acuerdo.

También la mente es responsable de mi memoria. Es como un gran disco duro en mi cabeza que almacena información. El problema es que gracias a la tecnología, en lugar de tener disco duro, tengo duro el disco.

Hace poco, platicando con un buen amigo, tuve que hacer una reflexión que me dejó en shock. Nuestra memoria la hemos trasladado de nuestros cerebros a los discos duros de nuestros teléfonos inteligentes y tabletas. Hoy en día no me sé el teléfono de nadie porque lo tengo en una libreta de contactos. No necesito tener datos duros, sólo conceptos, porque mi cerebro digital trabaja por mí gracias a su capacidad de almacenar datos o buscarlos en internet de manera inmediata.

Pero el otro disco duro que tengo, con el que nací, el que está diseñado para procesar y almacenar, se está poniendo duro. Duro como un bote de pintura que dejé destapado. Este músculo maravilloso, que alguna vez guardó teléfonos de toda mi familia y amigos, así como un sinfín de datos interesantes con los que llegaba a reuniones sociales y de trabajo listo para compartir, ahora yace dormido. En reposo.

No tengo que usarlo tanto. El GPS me lleva a dónde tengo que ir, sin que tenga que aprenderme calles y referencias. Si me quiero divertir hay juegos, si quiero descansar en el avión pongo música y si quiero aprender algo, en lugar de leerlo uso el buscador Google y recibo cientos de miles de respuestas en fracciones de segundo.

Ese día con mi amigo nos preguntábamos, ¿sabrán nuestros hijos llegar a casa? ¿Tendrán el teléfono de alguien a quien llamarle en caso de emergencia? ¿qué pasa cuando necesito usar el músculo "pensador"? ¿Existe una función de descongelar como en el microondas o debo aprender a cocinar de nuevo?

Después de ponerme a investigar el tema, encontré que la solución es poner el cerebro a funcionar. Que el cerebro se ponga su ropa de ejercicio y se vaya al gimnasio; ¡cuanto antes mejor! Este órgano también requiere moverse.

Lo primero que el cerebro debe hacer es organizarse. A nuestra materia gris, la cual a la edad adulta pesa como 1.3 kilos, la da tranquilidad el ir completando tareas y dejando espacio libre para pensar en otras cosas. Cerrar círculos le llamamos. Cuando las tareas están inconclusas, el simple hecho de anotarlas trae descanso a la mente. Cuando las personas que trabajan en oficina revisan su agenda de pendientes antes de empezar su día y antes de irse, está comprobado que tienen menos estrés. Son 5 minutos por la mañana y 5 por la tarde, que valen oro.

Para esto te recomiendo que vuelvas a la agenda. Anota todo lo que tengas pendiente y, al final de cada día, revisa qué se hizo y qué no. Lo que no se hizo, se apunta para el día siguiente. Tan sencillo como escribir un poco. Con esto le das una gran ventaja a tu mente.

Pero hay más que puedes hacer, prueba aprenderte teléfonos y marcarlos. Como si fuera un juego. Aunque los traigas grabados en el teléfono, haz el esfuerzo de marcarlos de memoria. Incorpora más juegos a tu rutina de ocio. Juegos de destreza, memoria y hasta el famosísimo "basta", ponen el cerebro a funcionar. Apaga un rato la TV del auto en los viajes o el mp3 y recuerden este tipo de juegos durante los trayectos.

Nunca dejes de leer. No es lo mismo ver la televisión o ir al cine, que leer. Ambas muy interesantes para la mente. El cine y la televisión nos dan contenidos interpretados, pero con estímulos audiovisuales. Leer, en cambio, despierta la imaginación, me obliga a recordar la historia para poder seguir el hilo de la narrativa y me hace tener que poner aspectos tangibles a conceptos que solo están expresados en palabras. Es un gran ejercicio. Aunque leas poco, solo unas páginas por día traen consigo grandes beneficios.

Por último, sigo insistiendo, el ejercicio genera endorfinas y oxigena nuestro organismo, ayudando a que el cerebro funcione mejor y esté feliz. Caminar unos minutos al día, trae beneficios importantes para tu mente.

Lo más importante es seguir pensando positivo, dejar atrás los pensamientos limitantes y mantenerse activo. Piensa, concéntrate y recuerda. Memoriza cosas nuevas cada día y tu cerebro nunca dejará de funcionar.

Concluyendo, la mente funciona si mi cuerpo funciona. Si logro aprender del fracaso, dejo de juzgar y pongo el músculo a trabajar, tendré beneficios muy tangibles de manera muy rápida. Date una oportunidad de probarlo.

Te comparto una colección de frases positivas y reflexiones. Te recomiendo que subrayes las que te gusten y las copies en tu agenda, en pequeñas notas auto adheribles para tu escritorio, en tarjetas blancas para tu bolso o cartera.

En general, en donde estén visibles.

- TÚ eres única / único e irrepetible. Sólo Tu existes en el mundo como TÚ y nadie más. Sé TÚ misma / mismo, para eso estas en la Tierra.

- TÚ eres un ser de luz. Tu energía vibra y atrae a otros seres. Si quieres atraer luz, brilla en lo positivo y deja de obscurecer Tu resplandor.

- Diariamente estoy en una vibración de abundancia (repetir todos los días varias veces).

- ¿Cómo atraer abundancia si no estoy pensando en ella? Para tener abundancia, piensa sin fronteras, ama sin límites y actúa con energía.

- Si la vida es un viaje, disfruta el camino. Carga poco equipaje, conoce lugares y gente nueva, prueba sabores diferentes, siente los aromas y enamórate de cada esquina.

- Al morir, "¿qué me quedé sin hacer?"... ¿y si muero mañana?... ¿y si lo hago hoy?...". Actúa y disfruta la vida.

- El imperfecto amor entre las personas hace la vida perfecta. Disfruta hasta el lo que sientas difícil y te darás cuenta que sigues viviendo y eres feliz.

- Nuestros pensamientos atraen lo que queremos. Nuestras emociones aceleran el proceso. Una emoción es un turbo al pensamiento. ¿En qué estás pensando y qué sientes?

- Toma tiempo para Ti. Haz una pausa diaria para calmar tu mente y reflexionar.

- Seguir mi pasión es toda la diferencia entre tener que trabajar y divertirme mientras lo hago. La vida es un viaje. Carga poco equipaje y disfruta el camino.

- Si solo el amor vence al miedo, ¿por qué pensamos tanto tiempo en cosas negativas? Busca lo que amas. El amor es la luz de nuestra alma que al brillar pone al miedo en su lugar. Esa luz se enciende desde nuestro ser. Haz lo que amas y siempre brillará la luz del amor en tu vida.

- El constantemente inesperado rumbo de la vida es un eterno recordatorio de nuestra propia fragilidad. La vida es hoy y solo hoy. Este momento, este instante, este aliento. Respira su energía y exhala todas aquellas acciones que te hacen feliz. No hay más. Ni menos. Sólo eso.

- Aprender a sentir comodidad cuando hay dificultades es una de las claves para un proceso de cambio exitoso. Si vas por más, tendrás más. El camino traerá momentos de dificultad. Hay que mantener el deseo de lograr la meta y aprender a sentir comodidad dentro de la incomodidad.

- Lo único real es que el tiempo avanza. Todos los días vendes tu tiempo pero no lo puedes comprar de vuelta. Haz una pausa, cuestiona tu destino y si el camino no te gusta, tienes 359 grados para girar.

- Fluir es moverse suave y continuamente siguiendo el ritmo de tu propia energía. El plan que viene de arriba es perfecto y no debemos resistir. Es el río de la vida que nos lleva a disfrutar el camino. Confía. No sólo en el camino a tu meta, pero en el fluir mientras llegas, llenándote de felicidad en el andar.

- Si creer es crear, ¿en qué crees?

- El fracaso no es el resultado permanente de un estado negativo. Tiene que ver con el proceso de identificar lo que no funcionó y replantear el rumbo. Solo cuando vemos el fracaso como parte del camino, podemos realmente tener éxito.

- La vida es tuya. Sólo tuya. Vívela contigo. Para ti. Comparte lo que quieras y puedas, pero siempre recuerda que es tu camino, tu misión, y solo TÚ debes vivir tu vida.

Ligas Externas

Infinitas Gracias por compartir tu camino conmigo. Las meditaciones y ejercicios están disponibles en medios digitales.

Hemos grabado los audios para que te pueden ayudar cuando hagas cada ejercicio.

Están disponibles en los siguientes medios sin costo.

- www.zombivive.com/ligas a ejercicios
- Facebook: zombivive
- Youtube